厚道做人
地道做事
成人达己
追求卓越

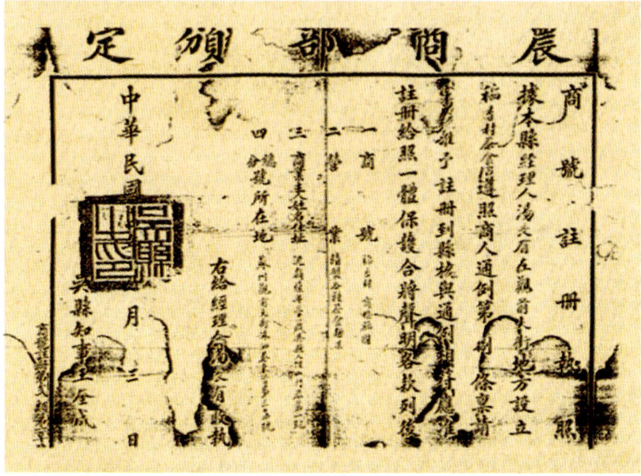

◎ 1925年9月3日，稻香村获民国农商部颁定第贰类第一百十号商号注册执照

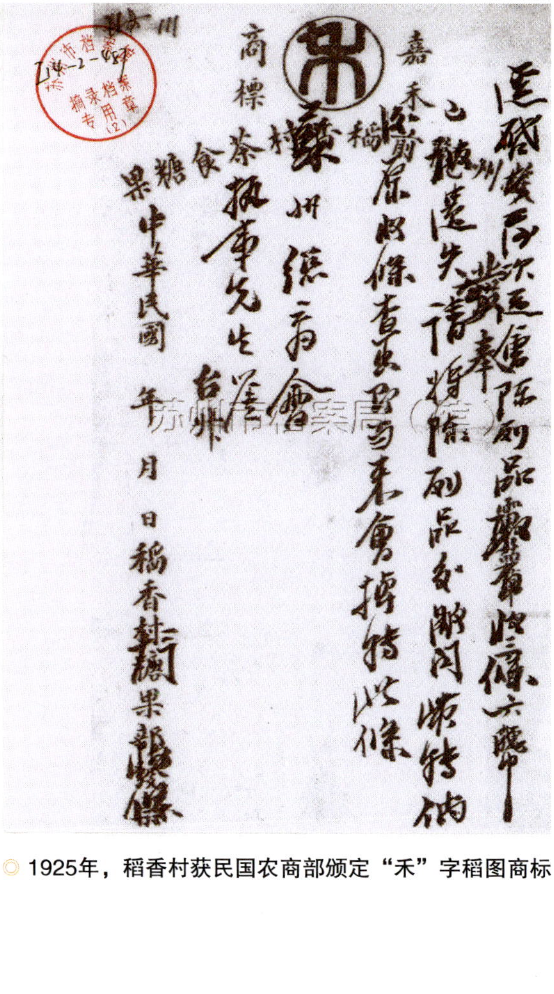

◎ 1925年，稻香村获民国农商部颁定“禾”字稻图商标

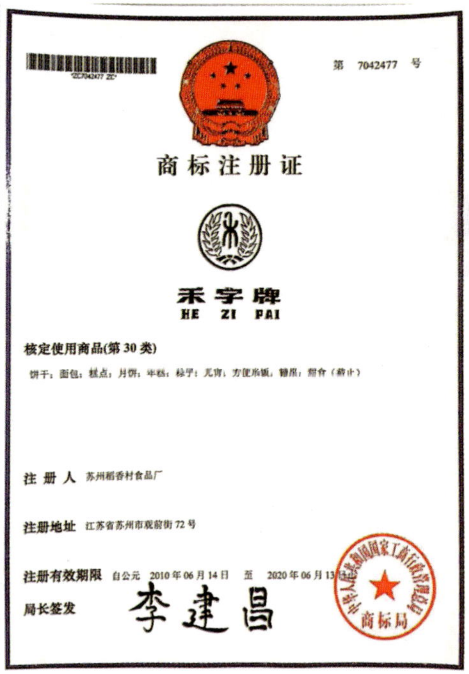

第 7042477 号

商标注册证

禾字牌

HE ZI PAI

核定使用商品(第 30 类)

饼干；面包；糕点；月饼；年糕；粽子；元宵；方便米饭；糖果；甜食（截止）

注 册 人 苏州稻香村食品厂

注册地址 江苏省苏州市观前街 72 号

注册有效期限 自公元 2010 年 06 月 14 日 至 2020 年 06 月 13 日止

局长签发 李建昌

中华人民共和国国家工商行政管理总局 商标局

◎ 1979年，苏州稻香村注册的“禾字牌”商标，沿用至今

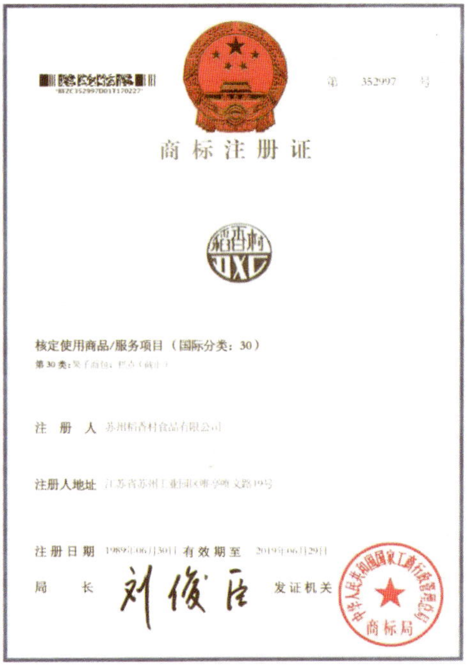

第 352997 号

商标注册证

核定使用商品/服务项目（国际分类：30）

第 30 类：果子面包；糕点（截止）

注 册 人 苏州稻香村食品有限公司

注册人地址 江苏省苏州工业园区唯亭唯文路19号

注册日期 1989年06月30日 有效期至 2019年06月29日

局 长 刘俊臣 发证机关

中华人民共和国国家工商行政管理总局 商标局

◎ 1989年，苏州稻香村注册的“稻香村”商标，国际分类第30类

◎ 2006年，苏州稻香村被商务部复评认定为首批“中华老字号”

◎ 2009年，“稻香村苏式月饼制作技艺”被列入江苏省级非物质文化遗产保护名录

◎ 稻香村传统糕点制作技艺第四、第五、第六代传承人

2018年，稻香村集团董事长周广军在中国品牌发展国际论坛上向第八任联合国秘书长潘基文先生赠送中式糕点

2019年，稻香村集团董事长周广军在第三届中华老字号掌门人大会暨品牌发展高峰论坛上发表主题演讲

标有“稻香村观前街原址店”的铜牌

稻香村苏州观前街店现烤糕点区

稻香村苏州观前街店新店外景图

◎ 稻香村集团苏州公司外景图

进化的力量

JINHUA DE LILIANG

苏州**稻香村**的传承与创新

张俊杰·著

漓江出版社
·桂林·

图书在版编目（CIP）数据

进化的力量 ：苏州稻香村的传承与创新 / 张俊杰著
. -- 桂林 ：漓江出版社，2023.8
ISBN 978-7-5407-9499-6

Ⅰ. ①进… Ⅱ. ①张… Ⅲ. ①糕点－企业管理－研究
－苏州 Ⅳ. ①F426.82

中国国家版本馆CIP数据核字（2023）第130765号

进化的力量：苏州稻香村的传承与创新
JINHUA DE LILIANG: SUZHOU DAOXIANGCUN DE CHUANCHENG YU CHUANGXIN

作　　者　张俊杰

出 版 人　刘迪才
出版统筹　文龙玉
策划编辑　周冬辉
责任编辑　宗珊珊
助理编辑　周冬辉
特约编辑　张　静
封面设计　周晓亮
责任监印　黄菲菲

出版发行　漓江出版社有限公司
社　　址　广西桂林市南环路22号
邮　　编　541002
发行电话　010-85891290　0773-2582200
邮购热线　0773-2582200
网　　址　www.lijiangbooks.com
微信公众号　lijiangpress

印　制　三河市九洲财鑫印刷有限公司
开　本　710 mm × 1000 mm　1/16
印　张　16
字　数　260 千字
版　次　2023年 8 月第 1 版
印　次　2023年 8 月第 1 次印刷
书　号　ISBN 978-7-5407-9499-6
定　价　68.00元

序　言

2023年除夕，稻香村集团携贺岁视频连续第三年登上纽约时代广场巨幕，为全球华人送上新春祝福。一家创立了两个半世纪的中华老字号企业，何以站在市场最前端，让中式糕点香飘世界？何以走在时代最前沿，在传播中国传统文化的同时充分展示文化自信？

作为“稻香村”品牌创始者，稻香村集团见证了中式糕点两个半世纪的传承与发展。它于1773年诞生在素有“天堂”美誉的苏州，早在明清时期那里已是中国经济文化中心。富饶繁华的江南水乡，精细雅洁的人文环境，巧夺天工的苏作匠人，不但缔造出了苏州园林、苏州刺绣、苏州木作，也催生了承载着美味体验与美好记忆的苏州糕点。

从苏州观前街的一间小店成长为今天的现代化企业，稻香村集团顺应时代变迁，历经手工作坊、民族工商业、公私合营、国营、集体所有制和股份制等经营体制变革，见证了沧桑岁月。

经过世代传承与不懈奋斗，目前稻香村集团在全国建有10个现代化生产基地、100多条现代化生产线、3个研发中心，还有数个馅料厂、印务厂、仓储物流中心等。通过发扬中国传统工艺精粹，稻香村延续并创新开发了各式糕点、炒货等1000余种产品，还结合我国传统节日习俗，研制出多种馅料的月饼、粽子，满足顾客多种口味需求，为弘扬中华传统文化尽自己的力量。稻香村的产品涵盖糕点、休闲食品、节日食品、面包主食、坚果系列、速冻食品六大门类，“稻香村”可称为中式糕点的集大成者。

线下渠道方面，稻香村集团在全国拥有800多家专卖专营店，辐射范围北至黑龙江，南至海南，西至新疆、西藏，东至长三角，并逐渐下沉到中国的三四线城市及县级市场。此外，集团产品还出口到美国、澳大利亚、德国等40多个国家和地区。线上渠道方面，稻香村集团已经连续多年在天猫、京东等主流电商平台糕点类目、月饼类目取得骄人成绩。

2022年，稻香村集团品牌价值突破182.77亿元，是中华老字号传承与创新发展的标杆企业。中国商业联合会中华老字号工作委员会副主任兼秘书长张健说：“稻香村集团是中华老字号中为数不多的，打破区域限制，从地方走向全国，乃至走向世界的典型食品工业企业，已经成为中式糕点的代表、中国味道的名片。”

如果以15年为一个时间刻度的话，最近这15年无疑是稻香村发展最为迅速的时期，这15年稻香村也见证了民族品牌的兴盛崛起。面对复杂的经济环境，为何稻香村集团能逆势突围，闯出一条新路？与其他老字号企业相比，为何稻香村集团表现出了更强劲的韧性？面对未来挑战，稻香村集团有哪些可持续发展的经验？

对于稻香村这家具有两个半世纪历史的老字号企业，上述问题1万个人会有1万种理解，我们的理解来自我们选取了一个独特的角度做出的有意义的尝试——从史料中挖掘稻香村的文化基因，从集团化发展实践中解密稻香村的市场逻辑，从而穿越时代局限与经济周期的迷雾，发现稻香村的长赢之道，为它何以成为行业标杆找到答案。

◎讲好中国故事，传播中国文化

稻香村集团董事长周广军认为，老字号首先是民族品牌，如果想发展壮大就离不开对其民族性、文化性的发掘。作为中华传统文化的载体，老字号企业具有重大的社会价值与商业价值。近年来，稻香村集团在持续经营中不断探索老字号的传承、创新与发展，积累了宝贵的经验。

事实上，老字号从来不缺故事，但是把故事讲好并不容易，讲真正的好故事更是难上加难。稻香村集团坚持对“稻香村”两个半世纪的发展路径进行考证，做到历史脉络清晰真实，并且有据可查、有史为证，充分挖掘出了“稻香村”这一老字号的内在发展逻辑与价值，在讲好中国故事、传播中国文化方面是一个成功的典范。

各具特色的中式糕点是稻香村的招牌产品，为此稻香村集团传承了苏式糕点的制作技艺，坚持用料考究、做工精细。当然，在传承传统技艺的基础上，稻香村始终没有忘记创新求变，努力用现代化手段最大限度地恢复失传技艺，改进传统技艺，创新传统技艺，让稻香村的故事一代代传递下去，并通过出海战略让中国文化走向世界。

◎遵循市场逻辑，应对市场竞争

老字号企业要实现永续经营的目标，必须进行一场永无止境的变革，持续推动企业成长和进步，在经营活动中始终展示出创新力和商业领导力。为此，老字号企业要积极主动参与到市场竞争中来，用市场化手段赢得胜利。

今天，稻香村已经成为大型现代化企业集团和行业龙头企业，在市场观念及敏感度等方面，稻香村完美地展示了江南商业传统的优秀基因——市场灵活度高、擅长品牌营销、勇于创新求变。然而其市场表现力已经超越了其温婉、细腻的江南文化特质，简直可以用高大威猛、刚劲有力来形容。

稻香村集团董事长周广军是食品专业科班出身，在食品行业深耕多年，也曾在食品行业协会任职，创办并主导了中国月饼节、中国国际烘焙展、全国烘焙职业技能竞赛等具有国际影响力的行业展会及国际交流活动，极大地推动了行业进步。他具备强烈的市场竞争意识，2015年全身心投入到稻香村集团工作以后，凭借着对食品行业的敏锐洞察和对糕点企业的深度认知，带领稻香村人从品牌定位、产品升级、营销创新、渠道扩张、企业管理等方面积极变革，闯出了一片新天地。

“老字号应该是时代品牌，要与时俱进，主动融入当下‘双循环’的新发展格局中。”周广军认为，老字号不能因循守旧，要大胆成为潮流品牌，让品质和创新成为核心竞争力。特别是近年来市场环境日趋严峻，许多老字号企业经营困难，稻香村集团反而能实现稳定发展，成为老字号企业高质量发展的代表，足见其市场竞争能力有多么强大。

◎肩挑时代使命，穿越经济周期

“当时代抛弃你的时候，连一个招呼都不会打。”每个企业经营者，尤其是百年老店的掌舵人都应该牢牢记住这句话。市场竞争是老字号企业获得重生的唯一选择，同时市场竞争也是残酷无情的。稻香村走过两个半世纪的风雨历程，如果站在更长的时间维度来看，它之所以活得足够好，是因为做到了以下两点：

1. 有历史的自觉与担当，主动承担相应的社会责任，积极回报大众。除了始终把食品安全放在第一位、为大家生产美味的糕点外，稻香村还重视与经销商、供应商的沟通及合作，也不忘积极投身社会公益事业，践行自己的社会责任。正因为稻香村集团始终不忘初心，永远牢记时代使命，所以才会走得更远也更稳。

2. 懂得追随大势成长，在不断变革创新中求存图强，最终超越了经济周期的束缚。稻香村永远尊重食材，尊重传承，尊重消费者，同时顺应时代要求主动革新，面对挑战迎难而上，在主动进化过程中让自己成为一个传奇。

今天，中国品牌面临着走向世界的大好机会。稻香村已经走在传播中国传统文化的前沿，承担着中式糕点复兴、输出中国软实力的责任。把“稻香村”作为一个案例进行研究，最终目的是为更多中华老字号提供借鉴，为更多中国企业提供参考。希望在中国经济转型与升级中面临阵痛的企业家、经营者、管理人员从中得到启发，找到适合本企业的高质量发展的新路。

徐宝锋

2023年7月3日 于北京

（作者为世界汉学家理事会召集人、北京语言大学一带一路研究院院长）

目　录

中篇 市场标本

上篇

文化标志

第1章　品牌故事｜“稻香村”的前世今生

来自康乾盛世的记忆

20世纪90年代初，台胞已经可以回大陆探亲了。这一天，一位从台湾来的女客人走进“稻香村”苏州观前街老店。店里的老技师谭雪良急忙迎上去，询问后得知——这位女士不远万里来到苏州，是为了买“稻香村”生产的松子细饼，满足奶奶的愿望。

松子细饼是苏式糕点中的经典产品，由于制作工艺复杂，当时在市面上已经停产了，女客人非常失落。谭雪良听说客人远在台湾的奶奶是苏州人，决定满足她的诉求。第二天，他将刚做好的两份松子细饼交到女客人手中，对方再三感谢，激动地说：“回去有个交代了！”

留在记忆深处的味道，会陪伴人们一生。它不仅是对童年往事的追忆，也是对人生五味杂陈的慰藉，更化作浓浓的乡愁，弥散在每个游子的心田。

毫无疑问，始创于清朝乾隆三十八年（1773年）的“稻香村”，已经超越了美食文化的范畴，成为一代中国人的情感记忆。这块糕点诞生于素有“天堂”美誉的苏州，那里是富饶繁华的江南水乡，孕育出了精细雅洁的人文气质，有巧夺天工的苏作匠人。

除了苏州糕点，当地还以苏州园林、苏州刺绣、苏州木作等技艺传世。

长江滚滚东流，太湖烟波浩渺，江南这片神奇的沃土被江水湖泊滋养着，养育了一代代勤劳聪慧的人杰。唐宋以后，江南地区逐渐"趋文重商"，在文化上当地人耕读传家，经济上工商业发达、城市经济繁荣。明清时期，江南经济文化走向成熟，苏州已经成为人间天堂般的理想都市，凭借繁华富庶的生活令人神往。

清朝顺治二年（1645年）改南直隶为江南省，康熙六年（1667年）开始分置江苏、安徽两省，苏州一跃成为江苏省会。在经历了早期的社会动荡之后，苏州全面延续了明中期以来的发展势头，迎来了"康乾盛世"，成为当时全国经济文化最为发达的富庶之地。

那时候，苏州社会经济繁荣，可以满足不同层次和类别的人群需求。在优越的自然环境和人文社会环境中，苏州人追求生活情趣，将日常的衣食住行用不断精致化。当时，官僚地主世家豪绅阶层，尤其讲究岁时节令、锦衣玉食、饮酒品茗、书画文玩、宅第园林等，引领着社会风尚。由此，苏州地区逐渐形成了独特的美食文化。

《（乾隆）吴县志》记载："吴中食物，有因时而名者，有因地而名者，有因人而名者。因人而名者如野鸭以蒋姓著，谓之蒋野鸭；熏蹄以陈姓著，谓之陈蹄……中秋卖饼，谓之月饼；七夕以面作果，谓之巧果；腊月初八以果品煮米作粥，谓之腊八粥，此因时而名者也。枇杷以白沙为最佳（无核），杨梅以铜坑为极美，此因地而名者也。"

经过漫长的发展，中国传统的岁时节令提出了"四时""八节”“二十四节气”“七十二候”之说，反映了天地万物春生、夏长、秋收、冬藏的自然法则。苏州的食品以岁时节令不同而各具特色，形成了特定的文化习俗与社会民情。

顾颉刚辑《吴歌丁集》，有童谣咏唱：“正月里，闹元宵。二月二，撑腰糕。三月三，眼凉糕。四月四，神仙糕。五月五，小脚粽子箬叶包。六月六，大红西瓜颜色俏。七月七，巧果两头翘。八月八，月饼小纸包。九月九，重阳糕。十月十，新米团子新米糕。十一月里雪花飘。十二月里糖菌糖元宝，吃仔就滚倒。”苏州人在多个层面上追求生活品质，这种传统一脉相承，由此形成了丰富多样的“四季茶食”。

苏州社会经济与文化发达，特别讲求雍容娴雅，生活标准、消费水平向来处于较高水准，故“苏人以讲究饮食闻于时，凡中流以上人家，正餐、小食，无不力求精美，尤喜食多脂肪品，乡人亦然。至其烹饪之法，概皆五味调和，惟多用糖”，展示出精巧秀美的吴地风韵。

随着食品加工制作技术水平的不断提高和饮食服务业的繁荣，苏州茶食业日益兴盛，从而形成了“有客必敬茶，有茶必备点”的礼节。到了清代，康熙南巡带来了正宗的满族宫廷茶食糕点，又品尝了苏州茶食，极大地促进了南北方美食文化的交流。

真正让稻香村声名鹊起的是六次下江南的乾隆皇帝。据《南方饮食掌故》一书记载：乾隆南巡途中到了苏州，由于闲暇无事便到街上微服私访。这一天，他看到一家店铺的牌匾上写着“稻香村”，顿觉店名颇为雅致，于是兴致勃勃地走进店里，品尝完蜜糕后赞不绝口，称赞其“食中隽品，美味不可多得”。

回到行宫后，乾隆立即责令苏州府台将稻香村蜜糕进贡到京城。在宫里，乾隆再次吃到心仪的蜜糕，顿时龙颜大悦，特御赐稻香村一块葫芦招牌，上写“稻香村”三个大字，字体飞金。稻香村的老板拿到这块招牌后激动万分，立即把它挂在店门口，吸引南来北往的行人。由此，“稻香村”声名远播，受到世人追捧。

以苏州为中心的江南地区，其经济、文化、社会观念始终处在不断变迁的历史大潮前端。“稻香村”就诞生在历史悠久、人文荟萃、农业和工商业发达的繁华都市，诞生于“康乾盛世”这个繁荣的时代。

老字号拥有世代传承的产品、技艺和服务，在品牌故事背后离不开特定时代社会经济文化力量的加持。追寻“稻香村”的足迹，我们可以回望清代江南地区富庶的商业经济，从中窥测到苏州地区美食文化勃兴的来龙去脉，而这恰恰是苏式糕点诞生于此的内在原因。

苏式糕点：才下舌尖，又上心头

宋代词人柳永在《瑞鹧鸪》中这样描写苏州：“万井千闾富庶，雄压十三州。触处青蛾画舸，红粉朱楼。”这里不仅有古色古香的园林、荷塘月色的湖泊，还有融合各地技艺精华、产品品类丰富的糕点，成为中国味道的代名词。

明清时期，苏州地区生活富足，茶食行业繁荣，店号注重质量和信誉，形成字号、地望、节令等方面的特色。与此同时，糕饼点心走进老百姓的生活，融入普通人的日常饮食，成为最具生命力的地方美食。追根溯源，“稻香村”的横空出世离不开苏式糕点的兴起。

赵宧光在《说文长笺》中记载："正饭之后有小饭，如茶点之类，北方谓之小食，饭之余也。"清同治《苏州府志》卷三《风俗》记载："小食曰点心。"近人徐珂说："世以非正餐所食而以消闲者，如饼饵糖果之类，曰小食。盖源于《搜神记》所载：管辂谓赵颜曰：'吾卯日小食时，必至君家。'小食时者，犹俗所称点心时也。苏、杭、嘉、湖人多嗜之。"

由此可见，所谓茶食、茶点、小食、点心等，都是人们在正餐之外的美食。随着"点心"一词使用频率的增加，"点心"可以缩略为"点"，进而由"点"衍生出"茶点""糕点"等概念。

综合起来，对"糕点"一词可以给予如下解释：所谓"糕"，指用米、麦、豆等原料制作成的块状食物；所谓"点"，则源自"点心"词义的演化，含有"小吃"的内容。对此，清乾隆初期潘荣陛《帝京岁时纪胜》之"岁暮杂务"条记载："蒸糕点，炸衬供，调羹饭，治祭品，摆供献，雕茶果。"

乾隆尤其喜爱苏州菜及点心，御膳房内设有"苏造铺"。中国第一历史档案馆藏乾隆二十一年（1756年）十月初一日所立《苏造底档》中，记载了乾隆每天食用的苏州菜肴名录，共有105种，包括荤菜系列、素菜系列、杂系列、燕窝系列、点心系列等。

乾隆后期面世的程甲本《红楼梦》第十八回有这样一段话："一太监托着一金盘糕点之属进来，问：'谁是龄官？'贾蔷便知是赐龄官之物。"正是从乾隆时起，"糕点"一词成为糕饼、点心简称的专用名词，并且这一称谓沿用至今。

中国糕点品种繁多，苏式糕点作为其中的一个主要帮式，起源于春秋时期的吴国，兴盛于隋唐时期，在宋元得到了快速发展，到了明清走向成熟。乾隆时期，苏式糕点开始成为业界公认的帮式。

苏州能够将糕点文化发扬光大，背后的原因是什么呢？

历史上，苏州历来是江南地区一个重要的大城市，繁荣的商业经济为苏式糕点的发展创造了有利条件。此外，深厚的文化积淀，技术经验的积累，加上工匠精神得以传承，促使苏式糕点在继承传统的基础上不断推陈出新，最终使饮食、茶食等领域的名品成为一种艺术生产，并延续至今。

研究发现，苏式糕点以面粉或米粉、糖、油脂、蛋、乳品等为主要原料，配以各种辅料、馅料和调味料，经过初步制作成型后再经烘、烤、蒸、炸等方式加工制成，与吴地的传统饮食同源同宗，与以苏州为中心的江南茶食业的历史发展同步，注重吸取传统工艺精华，集各式糕点所长，以独到而高超的食品技术水平超越了同类产品。

重糖重油，细小酥香，是苏式糕点的基本特征。此外，糕点大多按照岁时节令上市，由此形成了春饼、夏糕、秋酥、冬糖等传统，号称“四季茶食”。明清时期，苏式糕点已有130多个品种，逐渐发展为炉货、油面、油氽、水镬、片糕、糖货、印板 7 个大类，在28个节俗和祭仪中广为运用，以其浓厚的历史文化底蕴形成了独立的流派，最终与京式、广式并称为中国糕点的三大帮式。

在苏式糕点中，苏式月饼独树一帜，是广式月饼之外又一独特重要的品种。苏式月饼属于酥皮类，其主要工艺有：选料、原料加工、擦（制）馅、制（油面饼）皮、制（油）酥、（油面饼皮）包（油）酥、包馅、贴纸、盖章、焙烤等，采用传统的焙烤工艺，基本为手工制作，无法用机械化大批量生产。

苏式月饼有清水玫瑰、百果、椒盐、松子枣泥、鲜肉等品种，尤以香气四溢的清水玫瑰最有名，曾得到乾隆的赞赏。苏式月饼集中了江南糕点的优点，它饼皮酥脆，口感香酥，油而不腻，甜而爽口。

在技艺传承上，苏式月饼全凭口传心授，工艺复杂，手工技艺性强，质量要求严格，形状要求美观，却不使用模具。月饼酥皮层薄如纸，可多达18层，特别是包酥、包馅、焙烤等关键工艺需要长期实践才能积累丰富的操作经验。同时制作过程中还要综合考虑环境温度、面粉、馅料温度及其搅拌方法和时间、焙烤温度和时间等因素的相互影响，因此学艺时间长。

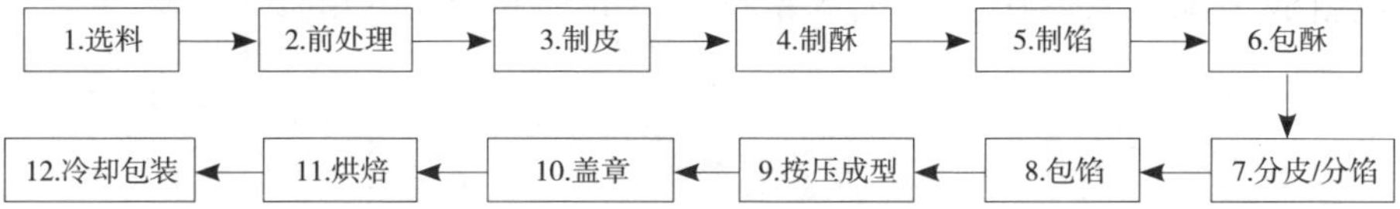

苏式月饼制作流程

对原料追求本味，对工艺精益求精，对品相上升到美学范畴，背后既有糕点师傅工匠精神的加持，也有苏州地区经济繁盛、人文精神底蕴深厚的时代背景。解决了温饱问题之后，人们有更多时间、精力和财力追求极致的生活，这不仅是对口腹之欲的嘉奖，更是精神层面的升华。毫无疑问，苏州地区的民众走在了时代前列。

邱庞同、张廉明撰写的《吴中食谱》一书中说：“稻香村制作方糕、松子王千糕每日皆有定数，决不粗制滥造。而该店制作的熏鱼、野鸭……均讲究新鲜，制作熏鱼，非青鱼不熏，所谓宁缺毋滥。”

历史学家钱穆非常喜爱稻香村糕点，每月必托人购买。他在文章中这样说：“苏州城内玄妙观前一街，最所知名。然一街店铺最多不过四十家左右。其中有稻香村、采芝斋两铺，皆卖小食品，乃驰誉全国。余家本在七房桥，距苏州城四十里，有小航，日开一次。每月必托小航购买两铺食品，几乎全村皆然。”

作家、文学翻译家周瘦鹃曾在散文《紫兰小筑九日记》中写道："继续读了三篇文章之后，觉得有点饿了，拿出稻香村的玫瑰枣泥饼和杏仁酥蛋饼吃，再配上咖啡，味道非常好。"

中国美食文化博大精深、源远流长，富庶的苏州有多样的食材、繁盛的商业、深厚的文化底蕴，这一切都为苏式糕点的横空出世奠定了基础。从诞生的那一刻开始，承载着美好记忆与美味体验的苏式糕点就成为国人心目中抹不去的牵挂，真正酝酿了时间的味道。

禾记的诞生与接盘

1986年，吴希礼在《稻香村店史·生产设置及管理》一书中写道："稻香村是先设摊后开店，而且摆摊的时间较长。当年观前街……玄妙观房屋一藏，五千零四十八间……稻香村当年设摊在东边照墙畔。摊主三人组成：沈秋泉（字树百），苏州人，世祖富裕，由他一人出资；王秋根是姑苏娄门外阳澄西湖五滦泾人，为读书人出身，掌管账务和管理；赵明宝是吴县太湖上人，做茶食、糖果等技术师傅。"

经过多年发展和传承，稻香村在清代嘉庆至道光年间形成了较大规模，生产与经营活动进入良性状态。这一时期政局较为稳定，稻香村生意兴隆，连年有余，迎来了第一次鼎盛发展阶段。

第二次鸦片战争失败后，清朝统治阶级坚持"中体西用"，开始发展新式军事工业和民用工业。这场洋务运动以"自强""求富"为目标，史称"同光新政"。在光绪年间，稻香村正式走向复兴，关键人物是沈祖荫。

沈祖荫是江苏长洲县湘城人，早年接受过私塾教育，思想比较开明，做事缜密守法。他秉持“老老实实品质第一，货真价实童叟无欺”的经营祖训，以诚信构建稻香村品牌的价值与魅力。

光绪二十九年（1903年）七月十六日，商部成立，推出了一系列法律条例章程，旨在鼓励发展并保护民族资本主义工商业。随后，苏州稻香村茶食糖果号正式呈请商部注册“稻香村茶食糖果公司”。经严格审核后，稻香村依甲等缴纳注册费50银元。随后，商部颁发了执照，并盖印信作为凭证。

据中国第一历史档案馆所藏档案，光绪三十一年（1905年）《商部各类公司注册表》著录为：商类；名称为稻香村茶食糖果公司，设在江苏苏州；合资人为沈树百等四人；资本“四千二百千文”；有限；注册时间为光绪三十一年正月二十四日（1905年2月27日）。

由此，稻香村成为苏州、江苏乃至全国茶食糖果业与饮食服务业第一家注册公司，具有重大的历史意义。根据考证，江苏省在商部注册并受保护的商号或企业中，稻香村茶食糖果公司的历史最为悠久，资格最老。那时候，营商的风气初开，在商部注册的各类工商企业并不多，因此稻香村能够占领先机，显示了其强烈的市场意识，以及敢为人先的进取精神。

当时，清政府推行“新政”，动员和鼓励各种力量发展工商业。包括稻香村在内的商家尽管在数量、规模和资金上实力略显单薄，但是已经开始采用资本主义的运营方式，为传统工商业赋予新的生命力。当老字号注入现代管理的基因，一场伟大的变革正式开始了。

1923年，沈祖荫病逝，其子沈鞠怀继承父辈的事业，徐幹棠仍任经理，汤长有为协理。汤长有遵照《商人通例》第八条，向吴县知事公署禀请审核准予注册，商标为禾字稻图商标。1925年9月3日，稻香村获得农商部颁定的第贰类第一百十号商号注册执照，照录如下。

农商部颁定商号注册执照

据本县经理人汤长有在观前大街地方设立稻香村茶食店，遵照《商人通例》第捌条，禀请审核准予注册到县。核与通例相符，应准注册给照，一体保护，合将声明各款列后：

一、商号：稻香村，商标稻图。

二、营业：精制各种茶食糖果。

三、商业主人姓名住址：沈鞠怀，年三十一岁，吴县人，住山门巷第一号。

四、总分号所在地：苏州观前大街洙泗巷东首第三十四号。

右给经理人汤长有收执

中华民国十四年九月三日

吴县知事王奎成

（执照原图见彩插）

当时，稻香村三姓股东是沈鞠怀、王秋芳、赵仲如，但是经理汤长有仍然执掌稻香村经营和生产大权。但是此后，由于连年征战，人民深受其害，苏州工商业萎靡不振，稻香村也陷入举步维艰的境地，日子并不好过。

在经营不利的情况下，稻香村还要与有实力的同行竞争，加上

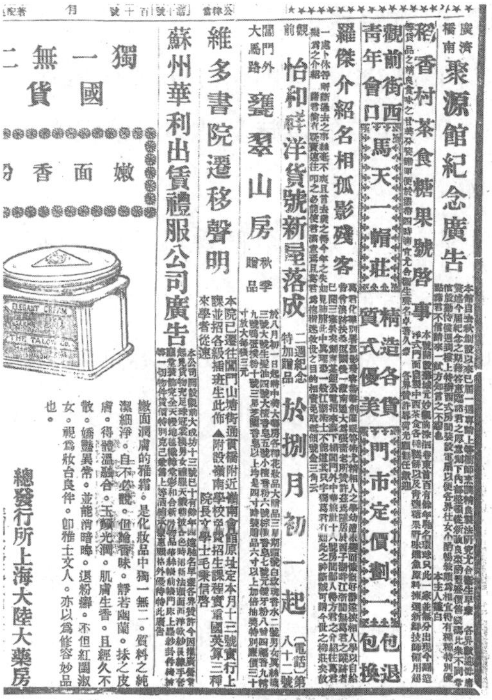

《苏州明报》刊载稻香村禾记开业，强调：“只此一家，并无分出。”

沈鞠怀、王秋芳、赵仲如三姓股东与外界有严重的商业纠纷，经理汤长有已经无力再经营下去，不得不将这家百年老店招盘，从而缓解眼前的困局。随后，朱仲笙考虑以稻香村禾记名义接盘，字记乃取自禾字商标。朱仲笙是苏州煤炭同业公会代表，1926年5月被列为苏州总商会第六届选举人，6月16日当选为苏州总商会第六届会董。

接着，朱仲笙在经理汤长有的协助下，全力投入稻香村门面翻造工程。1926年8月31日，稻香村禾记完成洋式门面翻建工程，如期开业，在二层中间门面上竖写“稻香村”三个大字，大字两边两项竖写“只此一家，并无分出”。当时，苏州城人潮涌动，盛况空前。为了宣示正统地位，稻香村在《苏州明报》《吴语》《苏州中报》等媒体上连续刊出启事，强调“百有余年，驰名环球，特加‘禾’字商标”。

禾字牌
HE ZI PAI

禾字牌标识

稻香村洋式门面翻建工程影响深

远，直接奠定了今天苏州观前街旧时建筑的基础，成为稻香村文化遗产的重要组成部分。今天，当人们漫步观前街，仿佛穿越到了一百年前，唯一不变的是稻香村苏式糕点的口味。这种味蕾记忆存续下来，让前人与今人完成了一次次心灵对话。

1927年，朱仲笙亲自担任经理一职，并改组稻香村禾记，新招一部分股东。1928年 1 月，正式订立合同议据。这次改组照顾到了各方的合理利益，并且职责权利分明。稻香村禾记的股东都是苏州人，既有钱业、纱缎业、腌腊业、糖业、南货业、布业等行业业主，也有在任地方官员和社会贤达，不但经济实力大增，也有效扩大了社会影响力。

1927年6月，江苏省政府设立苏州市政筹备处，筹备建市。随后，观前商业街区日臻成熟，逐渐汇聚了绸缎、棉布、洋广货、皮货、南北货、鞋帽、日杂、五金、珠宝首饰、文化用品、书局、茶馆、酒楼、旅馆等40多个行业计120余家店铺，呈现出一派繁荣的景象。

苏州自改市制以后，商业、道路、建筑等都有了很大改观。不久，“城内与火车站之捷径打通，市面从此转移，观前街顿成苏州全市最繁华之中心区域”。社会层面的改观为工商业经济发展带来利好，也让稻香村迎来一段黄金岁月。

1929年，郑振铎在上海撰写《黄昏的观前街》一文，把有观前街的苏州比作意大利历史文化名城威尼斯。张扬在《人间的天堂——苏州》一文中写道：“一到苏州，首先要去的，便是观前街；那儿，街道宽阔，商肆林立，是全苏州商业繁荣的中心区，类似上海的南京路……苏州的吃，原很有名的……面食以外，那要轮到糖食，采芝斋，稻香村，叶受和，采芝春……都是百年以上的老铺。”

伴随着稻香村走上发展的快车道，苏州这座古城也迎来了重生。而稻香村的发源地观前街，当时已经成为苏州的商业、金融业、饮食业及文化中心。人们期盼着日子越来越好，就像稻香村的糕点一样，喷香之中浸润着甜蜜。

与国家同呼吸共命运

“稻香村”是一家真正的老字号，它历经清朝、民国、新中国的时代风云，见证了历史的沧桑巨变。在一次次冰与火的洗礼中，稻香村始终与国家同呼吸共命运，向世人展示出历久弥新的精神特质，也不断昭示了一个真理：伟大是“熬”出来的。

历经多年动荡岁月，稻香村及整个苏州茶食糖果业举步维艰，陷入日益严峻的困难局面。直至1949年4月27日苏州城解放，大家才获得了新生。

从1949年10月1日到1952年年底，国民经济逐渐恢复，稻香村茶食糖果号的历史揭开了新的篇章。不久，吴县茶食糖果商业同业公会经过整顿重组，更名为苏州市茶食糖果商业同业公会。1950年11月20日，稻香村茶食糖果号向苏州市工商局申请，并获准重新登记，营业登记证为商字第2619号，开业地址不变，门牌更改为观前街61号。

1951年，稻香村积极支持抗美援朝，开展增产节约运动，捐资慰问中国人民志愿军并救济难民，参加捐献飞机大炮活动。当国难来临，稻香村没有袖手旁观，而是选择迎上去，积极开展生产活动，并大力捐赠物资。

不久，稻香村和其他老字号一样，迎来公私合营的浪潮。据稻香村填报的《一九五六年国营、合作社营及公私合营大型工业企业年报》，企业详细名称为公私合营稻香村茶食糖果号，仍在苏州观前街61号，由苏州市第一商业局主管。经济类型为地方公私合营。主要产品为点心、熏制鱼、糖果。根据文献记载，稻香村在1956年的主要产品中，除熏制鱼和干制果蔬产量减少外，其他产品产量均创新高。特别是糕点和糖果的生产，与1955年相比有了较大的飞跃，从中可以感受到公私合营体制的优越性。

伴随着社会主义改造的洗礼、公私合营的浪潮，稻香村茶食糖果商店走过了一段不平凡的岁月。

1976年10月，苏州各行各业开始拨乱反正，解放思想，经济建设得以逐渐恢复和正常发展。1978年3月，苏州糕点厂帮助稻香村糕点糖果商店复建后坊“稻香村工场”，4月即恢复了生产。当时，稻香村工场仍为全民所有制，主管机关为苏州市糖业烟酒公司。

1980年3月，苏州市稻香村糕点糖果商店复名为苏州市稻香村茶食糖果商店，主业糕点，兼业野味、炒货。为了保持和发扬苏式糕点的质量与特色，稻香村参照历史资料，对传统产品制定了具体的质量标准和工艺操作规程，让职工在生产中严格掌握和遵守。比如，在按照传统配方制作特级猪油枣泥麻饼时，因计划分配的黑枣质地较差，稻香村宁可减少利润，也要从外地采购肉厚质细的特级黑枣，以保证糕点的品质。

1982年1月，苏州市食品工业公司成立。1983年4月，该公司编制了《江苏省苏州市著名传统食品》，包括地方小吃、苏式糕点、风味食品三大类共147种。其中风味食品类、苏式糕点类里具体列举了稻香村的传统名特产品特色、生产、恢复与否等情况。

当时的稻香村与其他糕点名店相比，从品种和数量上看，稻香村在苏式糕点这类著名传统食品中居于领先地位。虽然各类产品受到消费者欢迎，但是毕竟店小力单，传统生产方式明显落后，稻香村难以凭自身承担起传承和发展传统名特产品的重任。

1986年，正值苏州建城2500周年。在苏州市食品工业公司总经理张治安力推下，1986年3月22日，苏州市食品工业公司提出报告，经市商业局研究同意，向苏州市计划委员会呈交《关于苏州糕点厂等单位更改名称的报告》：

苏式糕点是全国三大帮式之一，在历史上素负盛名。为了满足广大消费者对苏式糕点的需求，发扬名牌特色，恢复声誉，除在生产、质量管理上采取措施外，在厂名牌号上也必须相适应。为此，经研究拟更改厂名如下：

苏州糕点厂更名为稻香村食品厂（现厂门市部同时更名为稻香村）。

苏州糕点二厂更名为一品香食品厂。

现稻香村食品商店更名为叶受和食品厂，门市部同时更名为叶受和。

苏州稻香村食品厂及其附设苏州稻香村食品商店的成立，标志着当代意义上"前店后坊"的回归。与以往"店大于坊、以店为主的统一管理"的模式不同，这是第一次真正意义上的"坊大于店"，即"厂远大于店、以厂为主的统一管理"的改革新模式。它符合历史趋势，也符合企业和社会经济、市场发展变化的实际，因此在稻香村的发展史上具有历史性的意义。

“饼业至尊”布局全国

人们喜欢吃稻香村的糕点，也爱惜这个品牌。因此，稻香村的生产和发展牵动着许多人的心。改革开放以后，稻香村进行了多次整顿和调整，旨在发挥著名特色产品优势，让百年老店重放光彩，为中国食品工业贡献力量。

1988年，苏州稻香村食品厂实行厂长负责制，开启了变革之路。然而由于体制、管理、市场等多方面的因素，稻香村食品厂在生产经营方面依然遭遇了严重的困难局面。比如，1989年产品销量整体下降，街道、乡镇开办了许多食品厂，各种不良的销售手法严重影响了国有企业的产品销售。

1992年3月23日，苏州市食品工业公司代表、总经理张治安与苏州苏华实业股份有限公司代表徐智良签署《关于联合改造经营稻香村意向书》。1992年3月26日，苏州市食品工业公司向市商业局呈报《关于稻香村食品厂翻扩建项目建议书》，提出把稻香村食品厂由简单传统糕点生产的前店后坊，建成现代化、多功能、综合特色的大型商场，集购物、贸易、娱乐、观光、信息、咨询业务于一体。这些改革和努力都是为了搞活经营、开拓市场。

然而，市场环境在发生深刻变化，抓好企业经营绝非易事。改革开放以来，乡镇社办企业、城市街道企业、个体企业纷纷兴起，苏州稻香村食品厂在发展过程中日渐乏力。当时，苏州稻香村食品厂面临着异常困难的发展局面。市场竞争是无情的，稻香村几经合并，当时退休人员已远远超过在职职工，计划经济下原有的各项优惠政策逐渐取消，面对市场经济大潮冲击，这家百年老店一时间束手无策。

当苏式糕点不再独步市场，当各种进口食品纷纷走入国门，当新兴食品层出不穷，稻香村承受着来自外界的巨大压力。想当年，苏式月饼与广式、潮式、京式等流派月饼分庭抗礼，盛极一时；到了20世纪90年代初，苏式月饼已日渐衰落，只有现烘现卖的鲜肉月饼还在顽强坚守阵地。

1992年邓小平发表南方谈话以后，新时期改革开放的步伐加快，社会主义市场经济的竞争形势越发紧迫。1997年12月10日，中共苏州市委、市人民政府印发《关于放开搞活全市中小工业企业的意见》，指出放开搞活中小工业企业要以产权制度改革为核心，对中小企业放开放活放彻底，探索多种公有制实现形式。

经过一段时间的摸索和准备，采用股份合作制的苏州稻香村食品厂于1998年7月1日正式成立。这是稻香村历史上最为重大的一次改组，为后期进一步改革改制、联营联合奠定了重要基础。

转制以后，苏州稻香村食品厂始终无法走上发展的快车道，原因是多方面的，比如缺乏自有生产场所、资金少、人才不足、技术设备老旧、观念保守等。作为当时的董事长、厂长和法定代表人，沈根富认为："祖辈传承下来的品牌不能断送在我们手中，我们就是勒紧裤腰带也要把稻香村维持下去，困难是暂时的。"他正视现实，总结经验，大胆地提出"走出去、请进来"的目标设想。

老字号企业在百年发展历程中，唯有主动变革才能适应市场环境，顺应时代发展趋势。这种改变虽然痛苦，却是必要的。在漫长的岁月里，主动求变的企业会完成自我进化，类似一个物种面对新的生态环境，主动改变自己去适应环境会让自己活得更好。

如何使稻香村"活得更好"？沈根富思考了稻香村的优势与劣势。一方面，稻香村品牌的深入人心为其走出苏州市场创造了优良的外部环境；另一方面，稻香村现有的资金实力有限，很难在短期内获得更大的发展。怎么办？沈根富主张寻找合作伙伴，邀请致力于振兴民族产业的有识之士整合优质资源，共同发展。

经过认真考察及多次友好协商，苏州稻香村食品厂与保定稻香村新亚食品有限公司、北京新亚趣香食品有限公司决定共同投资兴建合资企业。2004年3月9日，三方签订了《关于联合组建苏州稻香村食品工业有限公司的协议书》，未来充分发挥“稻香村”品牌优势，将“稻香村”做大做强。

2006年8月20日，苏州稻香村食品工业有限公司斥资数千万元新建的现代化、开放式的模范食品工厂举行落成投产典礼。工厂位于苏州工业园区唯文路19号，占地面积近2万平方米，建有1万多平方米的国际高标准厂房，采用10万级空气净化处理系统，实施全过程自动化无菌生产。由此，苏州“稻香村”第一次有了一个现代化食品生产基地和研发中心，实现了从传统作坊到现代化大规模生产的跨越。

正值新工厂落成之际，中国食品工业协会时任会长王文哲题赠稻香村“糕点泰斗，饼业至尊”的贺匾，这一赞誉可谓实至名归。

随后，苏州稻香村食品工业有限公司加大了对外投资和扩张力度。2007年，公司收购了中国粮油集团旗下江苏张家港市福临门大家庭食品有限公司及其所属60家西饼店；2008年，在北京市通州区投资建设北京苏稻食品有限公司工厂；2009年，在山东投资建设菏泽稻香村食品有限公司工厂、金乡稻香村食品有限公司工厂；2014年，成立山东稻香村食品工业有限公司；2016年，稻香村集团与沈阳副食集团成立合资公司——沈阳稻香村食品工业有限公司；2017年，先后成立稻香村食品集团（香河）有限公司、稻香村食品（天津）有限公司、稻香村食品集团（金乡）有限公司；2019年，成立合资企业稻香五号码头（金乡）食品有限公司。

“稻香村”这块沉甸甸的金字招牌，是中华老字号的一面旗帜。在不断发展的过程中，稻香村主动自我进化，在改革中前进，在联合中壮大，让品牌影响力遍及全国。伴随着在各地布局分厂，稻香村集团开启了系统的产业化经营之路，开始真正在全国一盘棋上频频落子，做好国内大市场。

实业兴邦需要强大的品牌

“稻香村”这一字号优美动人，追根溯源，它有何出处？隋朝杜公瞻著、清高士奇补遗的《编珠》卷四“五里香三月种”条，有这样的记载：

> 魏文帝（曹丕）与朝臣书曰：“江表惟长沙名有好米，何得比新城粳稻耶？上风吹之，五里闻香。”

“新城粳稻”“上风吹之，五里闻香”，这便是“稻香”一名的由来。三国魏文帝曹丕文采飞扬，启迪后人想出了一个充满诗情画意的字号，可谓功不可没。“稻香村”一词蕴含着人们对丰衣足食的向往，体现了苏州悠久的农耕传统、经济生态与人文内涵，因此受到世人青睐，传承至今。

还有一个流传广泛的说法，“稻香村”字号取自曹雪芹的文学名著《红楼梦》。吴希札在《稻香村的茶食糖果》一文中说：“稻香村的店招，据店中过去的传说，店主王秋根，祖辈喜看《红楼梦》，后来从《红楼梦》中受到启示，又联想到茶食糕点的原料都是稻麦，所以决定取名为‘稻香村’。”

1929年，苏州作家徐卓呆在《大亚画报》发表了《谈谈稻香村》一文，其中有这样的记述：

查“稻香村”名辞的故典，谁都知道出在《红楼梦》里，是“大观园”中一个极朴素的所在。宝玉原题为“杏帘在望”，因黛玉替作的五言诗里，有“十里稻花香”之句，乃经元妃娘娘赐名为“稻香村”了。一切布置，极合大自然的色彩。

作为中国“糕点泰斗”，“稻香村”这三个字已经成为国人难以抹去的记忆。在漫长的历史长河中，它有过璀璨的日子，也有过没落的时刻，像坚毅勇敢的中国人一样，一次次苦尽甘来之后完成了自我迭代，打造出一张响亮的金字招牌。

1988年2月9日，稻香村作为中式糕点代表参加了在香港举办的“苏州传统食品展销会”。当时，许多香港市民前来观摩，那些久居异地的游子特意赶来品尝家乡美味，表达对故土的思念。香港《文汇报》甚至以《四季茶食风味清雅：稻香村糕点如稻香》为题，详细回顾了稻香村的悠久历史与品牌文化：

（稻香村）是目前苏州生产、经营苏式糕点历史最为悠久，最为著名的老字号。该店主要生产苏式糕点，有一百三十多个传统产品，常年供应品种有七十多个，时令品种六十多个，时令品种随季节变化而变换，所以称为四季茶食。苏式糕点的特点是：选料讲究，讲究时令，精细小巧，风味清雅。苏式糕点中的著名产品，有枣泥麻饼，玫瑰、芝麻酥糖，各式蛋糕，各式片糕，酒酿饼，杏仁酥以及各式苏式月饼。该店生产的“野味”“咸味”也极有名，如虾子鲞鱼、虾子酱油、熏青鱼、鲜肉松等都是苏州著名特产，成为馈赠亲友的高尚礼品。

此后，稻香村锐意改革进取，克服了重重困难，应对了各种挑战，让公司品牌影响力在业界日益高涨。进入新时代以来，周广军以与时俱进的现代企业创新经营理念做大做强稻香村品牌，成效显著。

除了在全国各地加快建设现代化工厂，稻香村集团还与沈阳稻香村、保定稻香村、北京稻香村开展深入合作，甚至两次授权北京稻香村使用“稻香村”糕点类商标，以开放、共赢的心态，致力于稻香村品牌的提升与发展。

周广军说：“实业兴邦，需要一个强大的品牌。”苏州观前街有过许多辉煌一时的老字号，有的没有走出传统的发展模式，来不及转变经营机制就在市场竞争中落幕了，令人唏嘘不已。当品牌在人们的记忆中消失，实业兴邦和富民图强就成了一句空话。

反观稻香村，不仅继承了老字号的遗产，还坚持不断地自我蜕变，因此在时代的洪流之下穿过了暗黑隧道，迎来了胜利的曙光，真正成为百年不坠的时代品牌。

关于品牌建设，周广军认为：“稻香村作为一个民族品牌，至今已有两百多年的历史。在未来的发展和传承方面，重点主要体现在品牌创新上。老品牌要‘洋为中用’‘古为今用’，创新发展，从而适应人们对现代生活的需求。”“稻香村要提升品牌的现代化程度、现代化感知。不仅让消费者看到一个有悠久历史的品牌，而且让消费者觉得稻香村是一个跟上潮流、值得信赖、适应时代发展的时尚品牌。”

近年来，稻香村集团不拘泥于“老品牌”历史，对市场进行深入研究与准确评估，并在日常管理中让战略落地，由此在激烈的市场竞争中突出重围，实现了高速发展。今天，稻香村集团除了拥有稻香村及禾字、虎丘、双塔商标外，还有稻香村工坊、稻香、稻香私房、稻香金典、福乐、维堡等数十个品牌。根据品牌规划，集团糕点食品类产品统一使用“稻香村”这一中国驰名商标。

多年来，稻香村集团砥砺前行，一次次在自我超越中完成了迭代与变革，成为食品行业的领头羊。2016年，稻香村集团积极参与发起“中华老字号振兴计划”系列活动，2017年又参与“民族品牌传播工程”，致力于弘扬民族文化、振兴民族品牌，由此，稻香村集团总裁周广军荣获中华老字号杰出贡献奖。此外，周广军还荣获了“2019建国七十周年品牌影响力人物”称号，显示了稻香村集团在品牌建设方面的非凡业绩。

凭着卓越的品牌口碑、悠久的文化历史、丰富的产品种类，稻香村集团收获了社会各界的好评，获得“中国食品标杆企业”“中国轻工业食品行业五十强企业”“中国月饼行业十大品牌”等奖项，连续九届获得月饼、面包、蛋糕国家级技术比赛团体金奖。

据中国品牌建设促进会发布的中国品牌价值评价信息，“稻香村食品集团股份有限公司”2022年品牌价值为182.77亿元，是中华老字号传承与创新发展的标杆企业，体现了源自苏州的稻香村愈益增强的品牌优势和影响力。

目前，稻香村集团在全国有800多家专卖专营店，覆盖全国10余万个销售网点。稻香村集团的中式糕点、粽子、元宵等产品出口美国、加拿大、澳大利亚、德国等40多个国家和地区。稻香村集团已经连续多年在天猫、京东等主流电商平台的糕点类目、月饼类目销量排名第一。因产品深受国内外消费者喜爱，稻香村成为闻名中外的食品品牌、中国味道的名片。

2006年起至今，稻香村集团已在海外60多个国家和地区注册“稻香村”商标。为了响应国家“一带一路”和“中国企业走出去”的倡议，2013年集团开始实施“稻香村出海”战略，通过跨境门店等渠道让海外的游子品尝到家乡的味道，让国际友人领略到稻香村美食背后的中国文化。

老字号讲好中国故事，是稻香村集团近年来着力谋划的一件大事。稻香村人大力推进品牌建设，多次参加江苏、浙江、山东、上海等地的老字号博览会，并在中国企业家博鳌论坛、“一带一路”国际合作高峰论坛等高端论坛上宣传稻香村品牌形象，极大地提升了品牌的影响力。今天，稻香村以悠久的文化底蕴、精湛的制作技艺、卓越的品质信誉和行业影响力，成为世人公认的“糕点泰斗”。

加拿大多伦多大学的张嘉熙撰文指出：“苏州稻香村已然走在众多老字号的前列，可谓是要故事有故事，要实力有实力。一方面，苏州稻香村积累浓厚的文化底蕴、营销素材和与消费者之间的情感羁绊；另一方面，拥有百年传承工艺的苏州稻香村是很早一批实现工业化、互联网化的老字号企业之一。再加上食品行业相较于其他行业没有明显的代沟，苏州稻香村可以说是老字号崛起的天选之子。”

今天，稻香村集团已经是老字号企业和糕点行业中的标杆，只要时刻注意努力提升品牌价值，让这块金字招牌继续释放出蕴含的巨大潜力，终有一天会成为响当当的国际品牌。

第2章　文化传承｜在匠心承接中延续中华文脉

生产工艺世代相传

历史上，苏州糖果糕点的制作工人主要是来自扬州、镇江地区的农民。明末清初之际，扬州城被毁，他们来到苏州谋生，后来融合当地民间传统茶食制作技艺，从事苏式糖果糕点的生产和销售。在劳动过程中，他们带着家人和亲戚上阵，不断总结经验，并代代相传。

到了20世纪30年代和抗日战争胜利前后，又有许多外地的糕点制作手艺人携带家眷来苏州设摊开店。那时候，凭借一块台板、一只吊炉，他们就能现场制作出云片糕、烘蛋糕、枇杷梗、鲜肉月饼等美食，较为快而方便地满足了大众的需求。由此，茶食行业从业队伍进一步壮大。

1948年5月编印的《吴县茶食糖果业职业工会会员名册》记载，全部会员共396人，其中稻香村职工会员30人，按籍贯划分：镇江5人、江都2人、丹徒1人、江宁1人、南通2人、武进1人、无锡3人、常熟3人、昆山1人、吴县11人。

为了应对来自行业内外的竞争，维护本号的利益，稻香村沿袭行业传统，严格控制招收学徒（后称练习生），从而防止工艺技术外传。早期，稻香村的学徒大多是文盲或半文盲，食宿免费，每月有几角月规钱。按照规定，学徒必须早起，睡得极晚，遇到节日忙碌的时刻，则要夜以继日地劳作。三年学习期满，手艺好的学徒会被留用，在生产中可以顶一个正式工人；如果学艺不精，则没有机会留下来。

在糖果糕点行业，学徒如果想练就一身本事，除了吃苦耐劳、细心琢磨和自身的天赋以外，师傅的技艺传承至关重要。显然，技艺传承对于保持苏州茶食糖果业特色具有重要意义。对此，金季鹤在《苏州食谱》中这样写道：

苏州以善吃著名，既善吃，自应善制。……苏州所善制者，厥在茶食，厥在糖果。苏州的茶食糖果，作者并非阿私，倒确能当得“精美”两字。虽不及洋式的漂亮，然味道绝不相差，而比较能减少几分富贵气，又不及乡式的结实，然价值并不悬许，而比较能免除一种泥土气。于质料方面，采办既丰，选剔更精。就制造的手法，尤是苏州独有的技能，父传子，师授徒，虽然终生湮没在那作场里，朝爬糖，夜爬盐，干着机械的生活，可是终生的衣食问题，就永久不用愁得。而那几个名手佳工，居然也会在这市场一角，红过了半爿天，自有各家的老板来礼聘，来偷挖，享受特殊的优俸。

稻香村经理朱仲笙为晚清秀才，一向重视名特产品的生产和品质，发挥名师名徒的作用。其子朱家元说：“我伲（苏州方言：我们）店里，用外码头的人比较多，镇江帮、扬州帮，特别是镇江人比较多。食品完全是苏式的，用的人倒是外地的，要从学生意带起，一级级升上去，做到把作师傅技术就比较全面了。”

以前，稻香村一个普通的学徒成为把作师傅，要经历至少二十多年的磨炼。因为把作师傅的人品好坏和技术能力的高低往往决定着稻香村的兴衰存亡，所以经营者对把作师傅提出了极高的要求。

对于名师名徒作用的发挥和贡献，在稻香村任职多年并编纂过《苏式糕点史料》的吴希札说：“名徒汤长有……几乎一世在稻香村工作，至1955年逝世，享年八十有二。由于汤经历长、业务精，又任过公所董事长等职，那时行业中有一句话：‘不认识汤子海是未出道者也。’”

苏式月饼工艺

制作步骤	工艺要求
配制皮面	上白粉倒在台板上（或摊缸中），开潭，加入适量荤油、饴糖（或白糖）和温水（水温根据气温而定），拌和成皮面。拌和要适当，防止面筋力过大，达到软硬、筋力适中。
配制油酥	上白粉倒在台板上，开潭，加入适量荤油，拌和拌透，即成油酥。油酥提前制好，使面粉充分吸进油脂，这样油酥滋润，能提高产品质量。
配制馅芯	先把绵白糖、猪油拌和擦透，达到乳化状态，再加入面粉（熟）擦和，然后拌入果料（不同馅芯加不同果料）。清水玫瑰月饼，除上述工艺外，还要加入鲜红糖渍清水玫瑰花和糖渍猪油（板油应在一周前糖渍好）拌和擦透，成为清水玫瑰月饼的馅芯。
皮面包酥	油酥有大包和小包，苏式月饼是小包酥。皮面包进油酥，擀成扁长形，右边翻上，再擀成长条形，再卷起来，用大拇指将毛边捏进，成为蟹壳形，这样可使表面光滑、油酥层多，制成的月饼油酥层可达八层以上。
包馅芯	将四层油酥皮面，包入已成馅芯，皮子和馅芯要均匀到边，虎口要收紧，不缺口、不露馅芯，大小均匀。

续表

制作步骤	工艺要求
揿饼打印	把生坯月饼，贴上底纸，虎口朝上，揿扁，达到均匀、平伏、圆整、不露馅芯。印要打正，色泽鲜明。
排盘	月饼放入烘盘要定量，排列整齐，间隔距离要适当，避免因饼与饼不熟时碰牢而造成异形和不熟透。烘盘则要求清洁无油污和杂质。
烘烤	烘烤首先要吃准火力，进炉后注意烘烤程度，一好即出炉，达到色泽均匀，边色乳白，不淌糖（流馅），不生不焦。烘盘入炉时要注意轻放，不使饼移位碰在一起，造成异形、夹生和次品。
砌饼	月饼冷却后，排在糕盘中要定量整齐，砌饼不能挤得太紧，避免月饼回潮、压坏、碰瘪。

历史上，稻香村作坊内的每一大类产品都有一名把作师傅，作为技术、培训、质量控制和生产的负责人。根据考证，把作师傅的称谓一直延续到1956年公私合营前。

为了确保生产工艺世代相传、防止技术外泄，把作师傅需要终身服务于稻香村。此外，把作师傅还要和东家共同选择德才兼备的学徒传授技艺，并且每代传人一般不超过3人。目前稻香村传统糕点制作技艺，可追溯的传承人已有六代。

稻香村传统糕点制作技艺传承人详表

代别	传承人	简要履历
第一代	吴金棠	镇江人，清光绪三十二年（1906年）进稻香村做学徒，做糕饼师傅，1958年退休。
第二代	徐寅伯	苏州人，民国十九年（1930年）进稻香村做学徒，师承吴金棠，1965年退休。

续表

代别	传承人	简要履历
第三代	王渭仪	苏州人，民国二十六年（1937年）进稻香村做学徒，师承徐寅伯，为1956年公私合营前最后一名苏式月饼把作师傅，1985年退休。
第四代	徐全生 蒋祖健	徐全生，苏州人，徐寅伯之子，1966年接班进稻香村做学徒，师承王渭仪，曾任糕点车间主任、生产经营部经理； 蒋祖健，苏州人，1970年进稻香村做学徒，师承王渭仪。
第五代	徐红生	镇江人，1983年顶替父亲进稻香村做学徒，师承徐全生。后在稻香村食品工业有限公司做糕点技术负责人，技术全面，掌握选料、配料、糕点制作、烘烤等全部工艺。2007年被劳动和社会保障部评为“全国技术能手”。
第六代	艾满	安徽人，1982年出生，2005年进厂做学徒，师承徐红生。2010年，学徒期满后到上海参加全国月饼技术比赛，并一举收获金牌。2011年荣获“全国技术能手”称号。2020年前后担任全国烘烤制品标准化技术委员会糕点分技术委员会委员和中国烘烤食品糖制品工业协会技术法规委员会委员。近年来，艾满担任稻香村集团苏州公司副总经理，管理公司生产技术部门的总体运营情况，同时关注新品研发，不忘复原古法。

2007年6月12日，稻香村苏式月饼制作技艺被苏州市人民政府“苏府［2007］94号文件”列入《苏州市第三批非物质文化遗产代表作名录》。12月19日，徐红生被劳动和社会保障部授予2007年度“全国技术能手”荣誉称号。

2008年6月，第一批苏州市级非物质文化遗产项目代表性传承人公布，稻香村苏式月饼制作技艺传承人为徐红生。此后，徐红生被中国焙烤食品糖制品工业协会授予“中国焙烤名师”荣誉称号。

2009年，稻香村苏式月饼制作技艺被收录至江苏省省级非物质文化遗产名录。苏式月饼制作技艺在稻香村这里得到全面继承和复兴。

中国式工匠精神

香奈儿首席鞋匠说过这样一句话：“一切手工技艺，皆由口传心授。”在世界各地，那些百年老店传承至今，一代又一代师徒不仅完美地传承了手艺，也精准地传递了耐心、专注、坚持的精神，这是所有手工匠人必须具备的特质。

稻香村在两个半世纪的传承发展过程中，全方位体现了“工匠精神”的传承。无论是手把手教授糕点制作工艺，还是言传身教培训基层工作人员，稻香村始终以程序指引，从职业道德、职业能力、职业品质等方面规范从业者的价值取向和行为，为世人展示出敬业、精益、专注、创新等特质。

稻香村传统糕点制作技艺第五代传承人徐红生在早年学艺期间经受了严苛的训练。当时他主做苏式月饼，有一次某种原料短缺，无法满足第二天门市上货的要求，于是，徐红生自作主张把短缺的那款原料按比例减少了一些。虽然减得不多，常人根本看不出来，但还是被师傅发现了，为此他狠狠地挨了一顿打。这件事让徐红生终生难忘，他彻底明白了什么是“匠心做事”。后来，他也按照严苛的标准招收徒弟，不敢有丝毫的大意。

20世纪80年代，苏州稻香村茶食糖果商店经营范围继续扩大，发展势头良好。到了夏糕上市的季节，稻香村就生产夏糕。夏糕不仅注重时令，还讲究新鲜可口。为此，稻香村的糕点师傅每天凌晨起床，坚持当天做当天卖，而且每天都固定产量，宁可少做一些生意，也绝不卖隔夜糕，坚决不能为获得更高的产量而影响产品的品质。这也体现了稻香村人的“工匠精神”。

在代际传承过程中，稻香村的工匠们喜欢不断雕琢糕点产品，不断改善生产和制作工艺，确保始终如一的高品质。在稻香村的生产一线，工作人员对细节有很高要求，他们追求完美和极致，始终把消费者放在心中，不敢有丝毫的懈怠。

每到金秋丰收时节，稻香村会迎来忙碌的月饼季。随着传统文化复兴，国人对月饼的需求量逐年上升，为此稻香村集团需要提前备战。

通常，生产一块小小的月饼要经过配料、打面、成型、烘烤、包装五个环节。其中，成型阶段又包含饼皮制作、包饼、打饼三个环节。在成型过程中，每个环节都必须以匠心对待，要求月饼外形饱满，大小一致，花纹清晰，色泽均匀，无明显凹缩，无遗漏馅料，无气孔，不焦不沾染杂色。

生产一块合格的月饼，还需要严格掌控烘烤温度。有经验的工人通过不断实践摸索出最佳的烤制温度及时间。烤制温度既不能过高也不能过低——温度过高可能导致月饼色泽口感不佳，温度过低可能造成致病微生物残留。为此，公司专门配置人员全程监控烤炉温度，容不得一丝马虎。

为了保证食品安全，稻香村集团在生产流程上制定了最严苛的操作规范。比如，在炒制莲蓉时可能混入金属碎屑，一旦发生这种情况后果不堪设想。为了确保万无一失，稻香村集团斥巨资购买检测设备，保证每一块月饼在包装之前都要经过金属探测，让消费者放心食用。

在生产过程中，品质监测必不可少。为此，稻香村集团要求工作人员悉心对待每个环节。从原料到成品，有许多检测指标。以蛋黄莲蓉月饼为例，要监测蛋黄的感官、水分，以及莲蓉的总糖、脂肪，面粉的面筋含量等。在全国各个生产车间，都有相应的品控实验室，工作人员全程对月饼进行“定期体检”。

工匠精神的内涵

名称	具体内容
敬业精神	敬业是指全身心地投入工作中，认认真真、尽职尽责地做事。它是从业者基于对职业的敬畏和热爱而产生的一种职业精神状态。孔子主张人在一生中要始终“执事敬”“事思敬”“修己以敬”，与中华民族“敬业乐群”“忠于职守”的传统一脉相承。敬业是中国人的传统美德。
精益精神	精益就是精益求精，即使已经做得很好了，还要追求做得更好。老子说：“天下大事，必作于细。”在精益精神指引下，对每件产品、每道工序、每个细节都要凝神聚力、追求极致，企业自然能够基业长青。
专注精神	专注是内心笃定而着眼于细节的耐心、执着与坚持，是心无旁骛、笃定做事的精神特质。《庄子》记载了“庖丁解牛”的故事，验证了“艺痴者技必良”的说法。“术业有专攻”，一旦选定岗位或行业，就几十年如一日地坚持下去，成为本领域的“领头羊”。这种执着努力和付出会随着时间的推移，慢慢形成竞争优势。
创新精神	创新是社会生产力发展的源泉。古往今来，热衷于创新和发明的工匠们一直是世界科技进步的重要推动力量。对百年老店来说，只有致力于工艺技术创新才能实现自我突破、产品革新，真正把祖辈的基业传承下去。

可以说，用匠心做糕点已经成为稻香村集团的“信念共识”。多年来，稻香村人一直遵从传统制作工艺，践行专注、匠心、优质的品控理念，始终赢得消费者的良好口碑。

今天，许多企业追求投资少、周期短、见效快，殊不知这已经背离了“工匠精神”，无法在激烈竞争的市场中走得更远。品质是产品的灵魂，唯有像稻香村集团一样坚守高标准，才能真正把追求卓越的创造精神、用户至上的服务精神落到实处。

生生不息的传统节令文化

受江南饮食文化环境的熏陶，稻香村的糕点制作精细考究，尤其讲究时令。具体来说，逢农历四时八节均有不同的时令品种，孕育出了春饼、夏糕、秋酥、冬糖的美食习俗。

稻香村制作的苏式糕点时令性强，所以又被称为“四季茶食”。随四时八节时令变化选择不同的原料和制作工艺，这种美味俨然成了一门时间的艺术。究其原因，早年受农业生产技术的限制，人们在特定的季节只能食用当季的农作物，所以制作糕点的时候也应时而动。

此外，在饮食科学上，中国人讲究根据季节的不同进补。在春天健脾和胃，补中益气；夏天天气炎热，需要进食些解暑散热的食品；秋天气候干燥，宜滋阴补肾；而冬季则是进补的黄金时节。这种饮食传统也影响了稻香村糕点的制作和销售。

春天到了，如果你走进苏州观前街稻香村老店，能够买到大方糕、松子黄千糕、酒酿饼、白糖雪饼等诱人的茶点。苏州人民在春天最喜爱吃松子黄千糕，这种金黄色的长方形糕点口感甜香，让人食欲大增，属于开胃的美食。

20世纪70年代的稻香村老店

炎热的夏季来了，绿豆糕是很好的消暑小食。研究表明，绿豆性味甘寒、无毒，有清热解毒、祛暑止渴、利水消肿、明目退翳、美肤养颜的功效。此外，薄荷糕、印糕、四色片糕、茯苓糕、蒸蛋糕、夏酥糖等也是稻香村在夏季推出的应季糕点，可以帮助人们顺利度过湿热的夏季。

迎来金黄的秋季，稻香村久负盛名的苏式月饼就成了必吃的美味。北宋年间，农历八月十五被定为中秋节，并出现了吃月饼的习俗，“小饼如嚼月，中有酥和饴”。为了迎合现代人追求健康的风尚，稻香村调整了月饼中糖和油的比例，古法制作技艺保证了苏式糕点正宗的口味，糖油比例的调整保证了现代人的饮食健康，这也是稻香村得以持续发展的一个原因吧。

当严寒的冬季降临，稻香村会适时推出含糖量和热量较高的糕点，比如糖年糕、核桃酥、马蹄糕、荤油芙蓉酥等。显然，这有助于食客补充能量，抵御室外的严寒。

当然，传统节令文化对饮食的最大影响应该体现在二十四节气上。作为中华上古农耕文明的产物，“二十四节气”是祖先顺应农时，通过观察天体运行掌握一岁中时令、气候、物候等变化规律所形成的知识体系。在国际气象领域，二十四节气被誉为“中国的第五大发明”。

中国人主张天人合一，在饮食上也注重遵从自然的时序，绝不做违背时令和节气的事。稻香村自苏州创立之初，就注重选用当下时节的原材料，从而保证消费者第一时间品尝到自然的味道。

稻香村非常重视节令食品的开发和研究。针对二十四节气，工作人员已经开发出春分酒酿饼、谷雨绿豆糕、立夏虾籽鲞鱼、小满酸梅汁、霜降四味酥糖、立冬松仁粽子糖、大寒云片糕等产品，还有端午粽子、中秋月饼等传统节日产品。随四时八节变换产品，让消费者追随时间的脚步享受舌尖上的美味，来源于对传统节令文化的尊重与传承。

稻香村集团品牌部经理张静说：“年轻化是老字号面临的大课题，在产品中带入传统文化、节令文化，更容易让年轻人接受，甚至让外国人接受。不断创新、与时俱进，满足不同时代不同消费群体的需求，这是我们发展的逻辑。”

2021年9月16日，稻香村集团参加中国天气品牌发展论坛，入选二十四节气研究院副院长单位。显然，这次成为二十四节气研究院副院长单位，将对稻香村集团节令产品的开发产生积极影响。让消费者在任何时候都能吃到应季的糕点，这不仅是对生命的尊重、对自然的敬畏，更是对时令饮食文化的有序传承。

◎元宵节：南汤圆北元宵，吃了才算圆满

正月是农历的元月，古人称“夜”为“宵”，所以把一年中第一个月圆之夜（正月十五）称为元宵节。过好元宵节，才算过完年。南汤圆北元宵，吃了才算圆满。全国各地都过元宵节，但是习俗不尽相同，其中吃汤圆、赏花灯、舞龙、舞狮子等是元宵节期间重要的民间习俗。

2023年元宵节期间，稻香村和伊利联合定制了两款元宵节限定汤圆——好运将“芝”金典牛奶芝士凤梨汤圆、“桃”运连连安慕希黄桃酸奶汤圆。稻香村在传承中坚持创新，其产品凭借新潮的馅料和软萌的外表赢得年轻消费者的追捧。

◎清明节：青团化作舌尖上的春天

作为江南地区的传统小吃，青团历史渊源极其悠久。根据考证，青团之称大约始于唐代，已有1000多年的历史。古时候人们做青团主要用于祭祀，随着时间的推移，青团逐渐成为一道时令性很强的小吃。青色，来源于艾草的汁液，把它拌进糯米粉里，再包裹进豆沙馅儿、莲蓉或芝麻，就成了带有清香味道的青团。

2022年春天，稻香村在传统工艺基础上进行国潮化包装设计，推出了一款手绘青团，豆沙、杧果、咸蛋黄、肉松蛋黄、乳酸菌等馅料涵盖多种口味，让消费者充分体验舌尖上的春天。更具创新精神的是，稻香村通过手绘形式将不同口味的青团拟人化，刻画成不同的人物形象绘制在包装盒上，这种新颖的营销方式立刻在抖音、小红书等社交平台引发清明吃青团的热潮。

此外，稻香村上市的青团从原料、加工到包装、配送、销售全产业链皆有品质保障，真正体现了中华老字号在品控上的“工匠精神”。

◎端午节：以爱国之名问世的粽子

与中国各地历来在农历五月初五纪念屈原不同，苏州端午习俗纪念的是春秋时期吴国名将伍子胥。这一习俗历史悠久，主要活动有包粽子、赛龙舟、挂菖蒲、戴香囊、挂钟馗像驱鬼等传统项目，集中展示了苏州地区富于江南特色的民俗传统。2006年5月20日，苏州端午习俗经国务院批准列入第一批国家级非物质文化遗产名录（遗产编号：X-3）。2009年9月，联合国教科文组织正式批准将端午节列入《人类非物质文化遗产代表作名录》。

2023年，作为稻香村集团旗下的高品质食品品牌，“稻香私房”推出了20多种口味的美味粽子，既有干贝鲜肉粽、蛋黄鲜肉粽、霉干菜鲜肉粽、藜麦肉粽、板栗鲜肉粽，以及黑米八宝粽、大黄米豆沙粽、青稞杂粮粽、金丝蜜枣粽等美味粽子，还有香菇鸡肉粽、桂花蜜藕粽、红豆燕麦粽等新口味。真正做到了可甜可咸，兼顾南北大众口味。

此外，“稻香私房”还设计了20多款不同类型的粽子礼盒，每款礼盒都含有不同口味的粽子，充分满足消费者的多样化需求。在满足不同类型团购客户的个性化需求方面，“稻香私房”还推出了全新设计的粽收财富、私房粽香、苏帮粽等新品礼盒。

◎中秋节：月饼月圆人团圆

农历八月十五，是将团圆氛围烘托到最高潮的中秋节，它与春节、清明节、端午节并称为中国汉族的四大传统节日。中秋节历史悠久，在这个团圆的日子里，大家都要吃月饼。到了清乾隆时期，苏式月饼制作技艺达到历史高峰，也将国人中秋团圆的美好愿望淋漓尽致地诠释了出来。

从2008年开始，中秋节被列为国家法定节假日。2006年5月20日，该节日经国务院批准列入第一批国家级非物质文化遗产名录。

随着国民对传统节日重视程度的加深，中秋节月饼销售规模呈现稳步上升的趋势。各大品牌积极发掘月饼的新口味或新包装，为消费者提供了更多选择。2022年月饼季，稻香村“上品荣礼”月饼礼盒进入辛选直播间，销售量突破15万，单品销售额达到4300万元，立刻成为那一年的中秋爆款。

假如有机会穿越回古代，走进古人的面点房，我们会发现他们用一双巧手为后人打造了一座辉煌的美食宫殿——从多变的蒸制工具、奇妙的加工方法，再到精美绝伦的外形设计，处处让人叹为观止。最重要的是，他们在选材上听从传统节令的召唤，不但吃得美味，还吃得健康，富有文化的情调和韵味。

古老的二十四节气在今天并未过时，反而展露出文艺、时尚的气息，受到当代人的热议和追捧。一岁四时，春夏秋冬各三个月，每月两个节气，每个节气均有其独特的含义。二十四节气准确反映了自然节律的变化，不仅是指导农耕生产的时节体系，更是包含有丰富民俗事象的民俗系统。稻香村人不仅传承了糕点制作技艺，也把传统节令文化传承下来，这份悠久的文化内涵和历史积淀，无疑赋予了稻香村更强大的生命力。

今天，无论在稻香村集团的线下店铺，还是在交易量火爆的电商平台，人们选择自己喜爱的中式糕点，配合每个不同日子里熟悉的节令文化，让生活充满了别样的韵味，也构成了传统节日中一道特殊的风景。

来自江南的苏式非遗

公元825年，白居易就任苏州刺史，在重阳节作诗《九日宴集，醉题郡楼，兼呈周、殷二判官》，其中有两句："江南九月未摇落，柳青蒲绿稻穗香。姑苏台榭倚苍霭，太湖山水含清光。"

作为江南鱼米之乡，苏州有着悠久的稻米生产历史，一岁两熟。当地人对于稻米的食用极富想象力，不仅摸索出了多种利用途径和制作方法，而且开发出了不少美味吃食。历经岁月积淀，苏州地区还形成了与之相关的诗文、民歌、农谚、民俗、节令等稻作文化与饮食文化。

千百年来，苏州城市商业的繁华与闲适生活的意趣，孕育了稻香村糕点这一美食。凭借极高的知名度和美誉度，稻香村甚至被公认为苏州商业的代表。

1932年春天，作家曹聚仁首度旅居苏州，在《吴侬软语说苏州》一文中写道："苏州风光，第一件大事，就是上观前街，进吴苑吃茶。观前，有如北京的东安市场，南京的夫子庙，上海的城隍庙……那儿有许多吃食店，豆浆、粽子摊，老少妇孺，各得其所。"

稻香村传承至今，形成了独具一格的企业文化。它融汇于以苏州为中心的吴文化、江南文化之中，历经时代变迁和风雨洗礼，依旧能够立足、传代、转型，焕发出生机与活力，堪称中国百年老店发展史上的一部传奇。

2008年，稻香村专门成立了"非遗保护"领导小组，专门指定人员，针对苏式月饼制作技艺和配方进行调研、挖掘、整理。至今已经收集整理了有关苏式月饼的大部分配方和历史资料，并已进行保护性研发和还原工作，专门配置试验、检验设备和场地，有专人负责。

此外，原董事长沈根富通过各种渠道，寻找联络到了仍然在世的稻香村的苏式月饼技艺传承人，并从中挖掘出大量值得保护的、具有极大历史文化和经济价值的资料。

稻香村非物质文化遗产保护内容

一、专业理论方面

苏式月饼的历史文化渊源，在吴文化乃至整个中国饮食文化中的地位和作用，需要整理挖掘。目前，传统月饼制作方法，特别是月饼馅料的选择和炮制方法部分已经失传，现有的品类需要挖掘、整理、记录，甚至部分需要还原。

开展现有在世传人的口述资料的整理记录工作，同时准备整合所有资源资料编写《苏式月饼技艺教案》和操作光盘资料，保存建档用于培训新的传承人。

二、专业技能方面

第五、六代传承人整理资料制定技术标准和流程细则，刻录成演示光盘，还原旧时的培训方法和器具，供学徒训练技能。

1. 培养传承人方面

通过面向社会海选传承人，招收有志于从事苏式月饼制作的青年，重点培养第七代传人，扩展第八代传人，保证不出现人才断层、技艺失传的情况。

2. 资金投入情况

专门在新厂房中另辟100平方米的实验操作场地，提供了价值超过100万元的实验、检验、分析设备，又投资80余万元添置其他新的设备。

走访老艺人并挖掘整理资料，先期培训3名助教作为技艺传承人重点培养对象，培训费投入10万元。面向社会筛选技艺传承人，进行全日制脱产培养，开办正宗苏式月饼制作技艺培训班，招收20人，培训费投入20万元。

2009年6月20日，江苏省人民政府公布、江苏省文化厅颁布，"稻香村苏式月饼制作技艺"被列入江苏省第二批非物质文化遗产代表作名录。

2009年9月，稻香村承办了首届中国苏式月饼节，为推进和发展苏式月饼生产起到了积极的引导作用，时任董事长沈根富被授予中国月饼行业突出贡献奖。"稻香村DXC"注册商标被江苏省工商行政管理局认定为江苏省著名商标。2013年，糕点类"稻香村DXC"商标被国家工商总局认定为"中国驰名商标"。

只有不断自我革新，不断满足市场需求，开发出牢牢抓住消费者内心的产品，才能成为真正意义上的"中华老字号"。为了进一步做好传承工作，在产品制作技艺上始终坚守"工匠精神"，稻香村集团于2017年成立了非物质文化遗产传承中心。

通过严格的师徒关系，老中青三代薪火相传。老师傅们传授的不仅是传统技艺，更有做人立德、追求极致、敬畏顾客的工匠精神。此外，稻香村集团还在尊重传统工艺的基础上进行技术革新，对产品进行改良升级和机械化生产研发，陆续恢复了数十种失传的苏式糕点产品，充分展示了老字号对消费时代变革的把控。

2017年9月21日至25日，第九届浙江·中国非物质文化遗产博览会在杭州市白马湖国际会展中心举办。作为苏州的传统糕点之一，稻香村苏式月饼亮相博览会，稻香村技艺传承人现场展示了苏式月饼的制作技艺。

2018年4月23日，“水韵江苏·相约香港”江苏文化嘉年华在香港维多利亚公园举行。当时，稻香村不仅带来了松子枣泥麻饼等热销产品，还展示了传承近两个半世纪的稻香村苏式月饼制作技艺。在本次嘉年华中，稻香村传统糕点制作技艺第六代传承人艾满带领香港市民体验苏式月饼制作技艺。

多年来，稻香村集团坚持开展非遗公益体验活动。2021年，10余组亲子家庭来到稻香村苏州观前街店，体验苏式月饼制作技艺。从制皮、包馅、敲章，到焙烤、出炉，稻香村第五代技艺传承人徐

稻香村集团亮相“水韵江苏·相约香港”江苏文化嘉年华在香港维多利亚公园举办的活动

稻香村传统糕点制作技艺第五代传承人徐红生展示糕点制作

红生熟练演示着苏式月饼的制作过程。一群充满好奇心的孩子稚气未脱，神情专注地看着演示流程，仔细聆听传承人的细心解说，然后在家长的陪伴下一步步动手操作，努力把传统文化的基因镌刻在心里。此后，稻香村集团坚持每年举办非遗公益体验活动，尽最大努力让公众感受到非遗文化的魅力。

苏州积淀了世界级的自然人文景观，凝聚着深厚的中国文化底蕴。稻香村糕点历经几百年风吹雨打，又走过改制、重组、联营及集团化的发展历程，展示出自我更新、自我进化的顽强生命力。今天，它以江南苏式非遗的身份走进更多人的视野，证实了中华文脉在匠心传承中生生不息、历久弥新。

一脉相承是品牌的底色

中国农耕经济绵延几千年，形成了“民以食为天”的观念，并造就了中国传统文化基因中最有活力的部分——美食文化。糕点作为美食文化中不可或缺的一部分，是古人留下的千年芬芳。

今天，食品市场竞争异常激烈，如何满足消费者日益多样化的需求成为摆在经营者面前的头等大事。竞争是必要的，但是竞争不意味着打价格战，因为永远没有最低的价格，而且靠低价赢得的市场终究不会长久。老字号之所以有生命力，在于一脉相承的齿间味道和文化底蕴。

百年老店不能依靠讨巧、做表面文章维系消费者，最重要的是技艺和文化的传承。稻香村集团董事长周广军认为，稻香村要永远不忘初心，坚持苦练内功，把人间美味奉献给消费者。他说：“稻香村这样的老字号，传承的不仅是古法技艺，更是传统味道。因此，我们坚持用原材料去提升味道，而不是用机器或技术的方法。”

糕点离不开馅料，有人认为这是宋以后的事，并引用苏东坡的诗为证：“小饼如嚼月，中有酥和饴。”其实早在唐代，糕饼中就有了馅儿。稻香村在制作工艺上极其考究，更把原材料的选择当作头等大事。

在稻香村，把作师傅是糕点品质的标杆、把关者。他们一辈子只做一件事，肩负稻香村糕点制作技艺的传承和产品质量的把控，是真正的守门人。徐全生与共和国同龄，是稻香村糕点制作技艺第四代传承人。他凭借着一腔热爱与专注，对部分古老秘方和制馅流程进行了破译和改良，极大地提升了苏式糕点的生产效率。

出生于1966年的徐红生，则是子承父业，师承父亲徐全生，

1983年进入稻香村做学徒。徐红生说：“我从小就看着父亲做糕点，后来干脆来到稻香村接班，专心跟父亲学习做月饼和点心。做学徒的时候，父亲教我做纯手工的云片糕，由于擀面不灵活，结果父亲拿起擀棒敲在我的头上，然后再耐心地教一遍。后来，我拿着擀棒拼命地练，直到让父亲满意为止。”

师傅认真地教，徒弟耐心地学，整个过程可以用严苛来形容。在学习糕点制作技艺的时候，徒弟们需要付出热情和诚心，才能“尽得真传”。身为稻香村第五代技艺传承人，徐红生在收徒的时候首先问对方是否喜欢这个工作、能不能吃苦，这两个条件同时满足才考虑进行下一步——仔细观察。

2013年3月，稻香村传统糕点制作技艺第六代传承人艾满拜徐红生为师。徐红生说：“我观察了艾满三年多，才开始真正教他。”今天，艾满不但吸收了上一代传承人的优势，完整掌握了选料、配料、半成品制作、糕点制作、烘烤等全部工艺，技术全面，还掌握了大量现代食品科技知识。他带领的课题小组投身食品研发，在实现美味与正宗口感之间平衡的同时，还取得了科技上的进步。

在人们的心中，“稻香村”是一个有温度的名字，这份温暖来自稻香村员工数十年如一日的品质坚守，来自文化传承对品牌的浸润与沉淀。作家梁晓声这样解读过“文化”：根植于内心的修养，无须提醒的自觉，以约束为前提的自由，为别人着想的善良。这与稻香村的文化传承和品牌内核高度契合。

今天，科技日新月异，人们的消费习惯多种多样，老字号在世人心中难免会有一些呆板的印象，比如产品单一、不适应潮流、过于保守等。如何让稻香村应对市场竞争中的各种冲击？如何在传承中谋取更大的发展？周广军直言，老字号在市场化发展中遇到的困难不可避免，对于民族品牌，其发展壮大离不开对文化、历史的发掘。

历史上，稻香村糕点是苏州地区商业、文化高度发达的产物，是民众富庶的体现。当时，这种美食本身就是一种前沿消费潮流。今天，稻香村人在继续努力，把稻香村糕点推向更大的市场，把稻香村品牌做优做强。

周广军说："老字号要有家国情怀，讲好中国故事。这不仅体现在积极履行社会责任上，更体现在其与时俱进的时代性上……老字号同样也是时代品牌，我们应该做的是屹立于时代的潮头，引领时代，而不是倚老卖老。"

为了充分挖掘稻香村的文化内涵和品牌价值，集团于2018年启动了"稻香村超级IP"计划。随后，稻香村集团组织专门人员寻找老物件、查阅旧资料，并联系到历任厂长、传承人、老师傅、专家学者，梳理出稻香村发展的历史脉络。为了让历史文化挖掘和梳理工作直观化，稻香村集团还将调研结果编辑成文稿，拍摄成纪录片，为后人留下珍贵的史料素材。在进行拍摄工作的时候，有几位老人家已至耄耋之年，身体欠佳，但是提到稻香村就立刻精神焕发，靠着坚强的意志力完成了采访。

回溯历史，稻香村人有深刻的体悟：老字号的品牌价值，来自社会、经济和文化相融合的综合价值，因此老字号的发展勿急勿赶，须静心重艺，靠匠心传承传统工艺，靠文化积淀赋能品牌价值。抚今追昔，今天的稻香村人比以往任何时候都更自信，因为在他们的努力下，稻香村迎来了真正的高光时刻。

文化价值赋予产品生命力

2007年5月17日至19日，第十届中国国际焙烤博览会暨第八届全国焙烤技术比赛在上海举行。结果，稻香村荣获月饼、面包、装饰蛋糕三项技术比赛团体金奖，徐红生制作的苏式清水玫瑰月饼摘下国际焙烤业最高奖项——“国际主席奖”。

鉴于稻香村糕点悠久的历史和令人称道的品质，当时参会的国内外专家进行探讨和协商，提出将稻香村的苏式月饼引入国际市场，并派员到稻香村学习交流苏式月饼制作技艺。此外大家还提议，在2008年北京奥运会上向全世界推广稻香村的苏式月饼。

一个产品让人争相购买，一定是它品质过硬，满足了消费者的特定需求；一个产品让人争相传颂，一定是它声誉极佳，在文化价值上满足了消费者的心理诉求。稻香村糕点传承两个半世纪，不但在产品属性上技压群雄，而且在社会文化层面也独树一帜，对于传承中华传统文化，对外展示中国文化极具启发和借鉴意义。

稻香村集团董事长周广军说过：“对于一个企业家来说，制造了什么热销商品，的确可以算是一种成功。但是，能做到把更多的文化价值放在商品里，赋予它更多内涵，引领行业……那种自豪感，才是成功企业家的底气与自信。”

稻香村糕点的气质离不开苏州城市商业的繁华，以及苏州人追求闲适生活的意趣。在苏州这座历史悠久的古城里，得天独厚的自然生态与人文环境让当地人的日常生活充满诗意。浓郁的地方环境、物产和文化赋予了稻香村糕点柔美精巧的特质，也令其知名度和美誉度蒸蒸日上。难怪有人说，稻香村和它的产品就是苏州商业与文化的代表。

作为一个在浙江绍兴长大的南方人，鲁迅先生尤其喜爱稻香村糕点。江浙一带山温水润，风物富足，滋养了人们口味清淡、崇尚本味的饮食习惯，也孕育了一批颇具江浙风骨的老字号品牌，而始创于苏州的稻香村正是其中的代表。

1912年中秋节，鲁迅先生在日记中写道："见圆月寒光皎然，如故乡焉，未知吾家仍以月饼祀之不。至稻香村买食物三品。"据《鲁迅日记》记载，在1913年到1915年短短两年时间内，鲁迅先生曾有十几次在稻香村购买糕点。后来，鲁迅虽然长期居住在北京，但是时常回忆起苏州的稻香村味道，这份念念不忘是他对于家乡饮食的记忆，以及对儿时生活的追忆。

稻香村集团的研发人员在设计新产品的时候，显然无法回避苏州文化的特质，以及中华文化的广博。他们不仅要用糕点满足消费者的口腹之欲，还要努力用产品去讲一个好故事，并将这种文化留在消费者的心里。鉴于此，稻香村人从产品理念入手指导研发设计工作，从设计之初就清楚地知道要通过这款产品表达哪种思想，让消费者知道购买后会得到什么，并领会稻香村人的匠心。

具体来说，稻香村研发人员把研发理念划分为四种：

1. 以优质或特殊食材作为研发理念和产品卖点；

2. 以产品工艺中某一段特殊工艺作为研发理念和产品卖点；

3. 以食材组合、营养搭配作为研发理念和产品卖点；

4. 以产品的传承作为研发理念和产品卖点。

在上面四种研发理念中，稻香村人会优先选择以产品的传承作为研发理念，并注重赋予产品特定的文化内涵。历史传承的产品有特定的时代背景和民俗风情，这是产品的深度和灵魂。如同馒头传承的是诸葛亮的慈悲心，饺子传承的是张仲景的医者圣心，这样的文化传承缘于消费者希望通过食物带来幸福感，把祖先的印记一代代传递下去。

将优质的食材、特殊工艺与文化价值融合到一起，稻香村无疑具备了更强大的品牌文化影响力；努力挖掘产品的文化底蕴、主动讲好产品的中国故事，稻香村糕点会更有味道。当人们享用稻香村的糕点时，既能品尝到独特的美味，又能在交谈中说起某一段历史典故或文化隐喻，谁会拒绝这样的产品呢？

随着集团布局海外战略的实施，稻香村集团加大了出口的力度，2020年海外出口量猛增六成。2021年春节期间，稻香村集团形象广告登上纽约时代广场，同时在洛杉矶、纽约、芝加哥、西雅图等地为消费者送上新春福利。目前，通过跨境门店、跨境商超与跨境电商，海外市场的消费者可以轻松购买稻香村糕点。

2023年除夕，稻香村集团携贺岁视频连续第三年登上纽约时代广场巨幕

在稻香村的海外市场中，60%的份额是华人消费群体，40%的份额是西方消费者。糕点的美味可以让外国消费者直观地感受到中华传统美食的魅力；糕点

呈现出来的独特造型、丰富的色彩，则充分展示了美食的百年技艺传承；糕点背后丰富的内涵，则让外国友人了解了中华民族悠久的历史和灿烂的文化。比如，稻香村集团的产品往往与中国传统节日密切相关。春节、端午节、中秋节等传统节日背后有许多动人的故事，配合产品海外上市的时候进行节日文化宣传，无疑让更多外国人真正了解中国人的民族文化。显然，当稻香村糕点俘获了外国友人的心，他们通过这种传统美食了解了中国文化，说明稻香村完成了弘扬中华传统文化的重任。

在众多中华老字号企业里，稻香村集团是为数不多的出口海外的企业。积极开拓海外市场，主动参与国际竞争，不但有力地推动了中式糕点复兴，也为传播中华传统文化贡献了巨大力量。更重要的是，稻香村集团为其他老字号企业做了一个精彩的示范，充分展现了民族品牌的自信风采，稻香村的成功鼓励更多老字号企业大胆跟进，到世界舞台上与外国企业同台竞技。

除了让更多外国人爱上稻香村糕点，体验中华传统美食文化的魅力之外，越来越多的海外华人也从这块小小的糕点身上寻回了家乡的味道。每当中国传统节日来临，美国各大华人超市张灯结彩，各种应景的稻香村糕点被摆放到超市显眼的位置，给海外华人送上深深的祝福，也最大限度地慰藉着他们的思乡之情。

稻香村集团海外事业部总监董克志说：“针对海外华人消费群体，我们在一款产品的中秋节礼盒上设计了一个大大的‘家’字，又辅以中国经典花鸟元素，更凸显团圆喜庆气氛。礼盒内配也很有讲究，苏式、广式、京式月饼口味集于一盒，这款产品特别畅销。”稻香村月饼热销的背后，是海外华人对“家文化”的强烈共鸣。靠一枚小小的糕点回味家乡味道，稻香村把海外华人的心紧紧地聚拢到了一起。

今天，稻香村集团迎来了跨越式发展，这些成绩的取得离不开产品的历史传承与文化魅力。品牌是商品的符号，成功的品牌是靠走在前面的人创造的。因此，品牌的文化价值归根结底是人的文化，稻香村行能致远，归根结底是稻香村人具备专业技能与专注精神，干得足够漂亮。

中篇

市场标本

第3章 营销定位丨让国潮风火遍大江南北

做好一块有温度的糕点

2021年9月一个下午，稻香村集团电商部的客服邹小敏正在紧张地处理消费者投诉，忽然助手急匆匆地走过来。原来，一个消费者打来电话，原定于今天上午应该收到的货物，现在还没发货。

邹小敏不敢怠慢，立刻查看订单情况，结果发现这一订单已经打印了面单，但是没有贴签，货物没有发走。她急忙给这位消费者打电话，经过询问得知，消费者是一位警察，平时工作繁忙，从电商平台下单后没有时间查看进度，直到下午给病重住院的朋友打去电话，才知道对方还没收到稻香村的糕点。

这显然是一个重大失误，邹小敏再三表达歉意，承诺立刻解决问题。挂断电话后，她发现此时已经是下午4点多了，如果走正常的物流派送货物，今天肯定无法送到对方手里。庆幸的是，刚才电话中从警察口中得知，那位病重的朋友在北京一家医院就医。邹小敏当即决定，让同城急送把稻香村糕点送过去。

终于，警察的朋友在天黑之前收到了惦记许久的糕点，还对警察表达了真诚的感谢。事后，这位警察又打过来电话，对邹小敏的服务给予了高度评价。最大限度地满足消费者的需求，给予他们温暖贴心的服务，何尝不是每个稻香村人的坚定信念呢！

在稻香村集团的现代化生产车间里，每一块糕点都要经过配料、和面、静置、成型、烘烤、冷却、检测、包装等一系列的严格工序，才能安全地送到消费者手中。科学精密、生产效率高的现代化生产线保证了食品安全，也最大限度地还原了稻香村糕点的原始味道。这样的生产线有100多条，分布在苏州、北京、菏泽、沈阳、成都等10个现代化生产基地，并通过了QS、GMP、HACCP、ISO9001等多项认证，生产过程全程监控，全方位透明化无菌生产，确保产品质量安全可靠。

在众多老字号企业中，稻香村集团近年的发展可圈可点，取得这些耀人的成绩，背后的原因是多方面的。稻香村集团董事长周广军始终秉承“做事无他，唯用心而已”的信念，坚持做好每一块有温度的糕点。他说：“用心做事，不仅是一个方法，更是一种态度，就是真诚和专注。”这是稻香村基业常青的秘密。

今天，许多老字号企业在发展中遇到许多问题。一方面老字号这个金字招牌不仅是宝贵的资源，也是一种压力，经营者因为顾虑太多而缺乏创新精神，因此裹足不前；另一方面，有的老字号企业总觉得自己产品好、资历老，曾是中国最牛品牌等，市场份额是有保证的，于是不再用心经营创造，当市场出现问题时不断抱怨，这显然是心态出了问题。

作为稻香村集团的掌舵人，周广军带领稻香村人闯出了一条新路，从传统实体店到线上渠道，再到出海战略实施，近十年的发展速度可谓一日千里。但是，面对骄人的成绩，周广军却显得异常冷静。随着稻香村集团的业务越做越大，他开始思索这家老字号企业能给中国经济发展带来什么，能给中国食品行业带来什么。作为企业经营者，周广军时刻意识到自己的社会责任，坚持用优质的产品和真诚的服务打动这个世界，这正是稻香村集团发展越来越好的原因。

在这个信息化迅速更新、商业模式不断迭代的环境中，无论是崭露头角的创业者，还是知名企业家，都需要秉承用心做事的原则，保持专注的理念把事业做到极致。“任何一位成功的决策者都不是从捷径上走过来的，用10年，甚至更久去磨炼都是常事。在很长一段时间内要很专注和用心，才能在别人累的时候获得机会。”

企业管理是复杂的事情，需要决策者具备专注的管理理念，才能保证出色的商业计划真正得到贯彻执行。同时，只有在日常管理事务上做足功夫，在既定的领域内做深做透、做专做强，有效纠正和避免发生管理偏差，才能考虑围绕核心扩张、开展多元化、实现国际化等发展战略；否则，永远都不会逃脱“其兴也勃，其败也速”的周期率。

许多跨国企业能够走到今天，都有自己制胜的秘密武器，但是它们有一个共通的地方，那就是用心做事和专注精神。在稻香村集团身上，我们也能清楚地看到这一点。

2020年春运启动以后，稻香村联合河南省驻京办、王老吉举办春运关爱行动，主题是“让爱吉时回家”。当忙碌了一年的人们即将踏上返乡的火车，意外收到了稻香村集团等单位赠送的过年心意，让这个年味儿更浓了。手里捧着有温度的稻香村糕点，这些在外拼搏的游子脸上洋溢着幸福温暖的笑容。

商业竞争与组织管理中充满陷阱和诱惑，以致许多企业在多元化、国际化、规模扩张等问题上乱花渐欲迷人眼，不能专注于基础性管理工作、不能专注于自己最擅长的业务，最终陷入成长的烦恼。稻香村集团从生产到客服，从营销到战略，时时刻刻把消费者放在第一位，坚持把一块有温度的蛋糕送到每个客户面前，所以稻香村在生产和服务的每个环节都温暖着人心，也因为用心和专注赢得了市场。

准确预判新消费趋势

纵观世界历史，每一次社会生产力和科学技术的重大飞跃与发展，都必然引起消费领域的深刻变革。现阶段，已经处在第四次科技革命的关键时期，能够对人类社会产生深远影响的科学技术正悄然降临。科技的进步带动了经济快速发展，同时也深刻影响着消费者的观念和购物方式，并使消费者需求的内容、形式、结果发生显著变化。

变化集中体现在消费者购买商品不再只是为了满足生活基本需求，而是更看重商品的个性化特征，更关注商品本身的附加价值，更在意消费行为本身的文化内涵。比如，消费者对食品的需求已经完全个性化，并希望通过个性化消费体现自我特征。

随着世界经济的大趋势走向，以及消费者对食品需求的改变，当前中国食品业正在经历“双转变”，从数量向质量提升转变，从能量为主向功能、情感和文化等多种复合需求转变。个性化消费的火热，展现了消费升级蕴藏的巨大潜力，也为企业开启了大市场。

传统的中式糕点恰恰是“数量+能量”的代表，让消费者吃得饱、吃得值是长期积淀下来的生存理念。但是，“双转变”到来了，传统中式糕点的生存空间正一步步被代表着时尚、新颖、精致等生活方式的新生品牌所替代。作为传统中式糕点的代表性企业，稻香村集团董事长周广军凭借多年的行业深耕，敏锐地预判到了这一新消费形态下的市场发展趋势，更早地预见到了老字号必然会遭遇的经营困境，企业如果不做出适当调整必将面临危局。

为了不让困境变成绝境，不让危局成为死局，顺应新消费趋势进行有效变革，是唯一的正确的做法。于是，周广军在接手稻香村集团的第一时间就锁定了创新点和突破口，不仅要在产品更新迭代上快人一步，还要让产品融入越来越多的时代气息，最重要的是要进行品牌升级。在周广军为稻香村集团规划的商业版图上，占领年轻人的市场是重中之重。

要完成一幅商业版图的绘制，需要对一些关键环节进行有效把控，周广军对稻香村集团商业版图的实施是如下四个环节共同作用的结果。

1. 健康化

食品行业多年前就已经开始了“健康化”趋势，最典型的概念是绿色无公害、低糖低脂等。周广军认为，“健康化”对于食品行业是毋庸置疑的消费趋势，稻香村集团不仅始终在提倡健康饮食，同时也在实践健康理念。

但是，“健康化”不是简单地减少什么就能做到的。比如无糖类产品，确实做到了限制食用者对糖分摄入的控制，但同时也限制了人们对食物味觉的享受。在这一点上，周广军有过很多次切身经历，“健康化”和味觉的享受好像成为一对矛盾体，相互不能并存。

1993年，周广军第一次到北京，那时就有了无糖月饼，他买来之后发现非常难吃，简直不能下咽。看着这种健康的月饼，他感到一阵阵悲哀，难道人类的健康饮食必须用失去美好的口感来换取吗！

今天，这种单纯的无糖概念已经不足以打动消费者了，因为大家已经将“无糖”和“难吃”画等号了。

看起来，“健康化”是有挑战性的，难点在于如何做到保证健康的同时还必须保证口味。其实，这就体现出了技术提升的必要性，即通过技术进步兼顾健康与口感的平衡。比如，稻香村推出了不添加蔗糖的糖醇系列产品，主打健康营养的黑金产品，很受消费者欢迎。

作为稻香村集团的核心企业之一，张家港福吉佳食品股份有限公司主打健康牌，积极争取全麦食品认证，并且主推健美渠道，将美食精准送达运动爱好者群体。

2. 科技化

食品的健康化需要技术力量来保证健康和口感的平衡，因此科技研发是食品企业，尤其老字号食品企业必须重视的环节。当然，这里所说的科技研发不一定完全依靠自己去做，还要学会利用一些已有的科研成果。

有很多老字号企业并不重视科技研发，认为守着那份“老”就会永远财源滚滚来，却忘记了“时代把你抛弃的时候连招呼都不会打”这一残酷的现实。为此，周广军时刻提醒稻香村人：“产品方面的技术先进性要始终保持不低于同行的竞争力，还要具备社会化的、跨界打击的能力。”

身为行业龙头企业，与竞争对手相比，好像任何方面都是强势的，现实也确实如此，但“生于忧患，死于安乐”的教训必须时刻谨记。再强大也不能满足于现状，而是要积极预判新的消费趋势，敢于设定目标去超越，保持一种永不满足的心态。

3. 流量化

随着新消费趋势的不断变化，稻香村在场景设定、消费人群方面都发生了改变。围绕这些改变，稻香村集团做出了非常实用的改革和创新，其核心就是流量、圈粉。

曾经，“流量”“圈粉”“圈层”……这样的新生字眼同传统“老字号”处在两条路上，你走你的阳关道，我过我的独木桥。但很多“老字号”慢慢发现，新消费趋势在不断蚕食它们的“独木桥”，“酒香不怕巷子深”的理念已经落后了。

周广军讲述了他的家庭对于“老字号”逐渐失去“独木桥”的切身体会。“我儿子在上大学的时候经常带稻香村的产品给同学吃，很多年轻学生吃了之后，认为稻香村虽是传统的产品，却出乎意料地好吃，比如牛舌饼。”这些历史悠久的人间美味同学们并不知道，因为“这些东西在他们的日常购物车里通常会被屏蔽掉，只有真正体验之后才会发生改观”。

为什么会被屏蔽？这不能怪同学们没有一双发现美食的眼睛，或者没有一张能辨识美味的嘴巴。毕竟现在的食品种类太多了，每个人只会对出现在自己涉猎范围内或闯入终极思维领域内的食品有辨识的可能，对于其他浩如烟海的食品就只能道一声“无缘”了。每个人的涉猎范围都是时代加持与个人喜好的结合，如果某食品符合新时代下的新消费趋势，又恰好符合某位消费者的口味，有一日忽然随着流量传播飘入这位消费者的视线中，二者产生关联的机会就会大大地增加。

稻香村跟随着时代的脚步，甚至在某些细分领域还要快于时代的脚步一点，因此其产品的受众群体已经不单纯是那些想念过去口味的中老年人，而是扩展到广大年轻人。做到这一点的关键在于，让年轻人知道，并体验和认同稻香村的产品。

这是流量的时代，想要制造流量商品，必须用流量的办法。于是，稻香村集团在宣传层面做了很多调整和尝试，包括跨界联名、达人直播、自建新媒体团队和品牌联动等。

现在国内有很多不像“老字号”的“老字号”，明明“年事已高”，却成功俘获了年轻人。稻香村集团同样立志要“老夫聊发少年狂”，在品牌、产品、对外形象塑造方面不断出新，尝试更多的玩法和可能，才能与时俱进，将老字号发扬光大。

4. 拓展化

以前，稻香村主做糕点、茶食，但这些并不算是人们日常的产品需求。现在消费升级是主要趋势，消费者除了逢年过节送礼的场景需求，还产生了很多日常生活中的需求升级，典型的就是休闲食品。稻香村现在布局代餐、健康零食，就是要抢占这样一个新的消费场地，用品类的扩张满足更多层次的消费需求。

当被问及“稻香村在做品类扩充时如何快速赢得市场”时，周广军介绍说：“就糕点行业来说，大企业、大品牌会降低用户的选择门槛。消费者基于对知名品牌的信任，会默认它的跨界产品也会是优质的，从而更容易接纳。从这个角度来说，稻香村作为知名老字号，从品牌信任度来说具有天然优势。”

稻香村集团在跨品类时也力求和原有产品线相通，让消费者认知起来更加顺畅。比如，香港市场喜欢流心奶黄月饼，如果稻香村这样的大品牌也出同款，消费者至少会出于尝试的动机去购买，比一般品牌出新品要更具认知优势。

综上所述，周广军带领下的稻香村集团一切以人为本，充分了解消费者，以便更好、更快速地做出最佳的市场策略与经营决策。在市场充满不确定性的时期，消费心理、消费行为随时在变，企业必须洞悉消费者需求，预测未来消费者行为，并分析其对消费市场的影响，及时调整自身的经营策略。

努力满足消费者对美好生活的向往

消费是人们日常生活不可缺少的主题。随着经济的发展，市场上的商品日益丰富，人们的消费选择越来越多元化。但人们在不断提高消费水平的同时，渴望被满足的不只是实际的消费需求，还有通过消费行为提升生活品质，拥有更加健康文明的生活方式的期待。

稻香村诞生至今已有两个半世纪的历史，始终以消费者为中心，通过优质产品和服务持续为人们的美好生活贡献价值。正因如此，稻香村集团董事长周广军才能底气十足地说："稻香村的诞生正是顺应了消费者对于美好生活的向往，这就是稻香村的初心。"

对于这份初心的坚守，稻香村人从未放松过对自身的要求。20世纪80年代，陈钢年还在稻香村苏州观前街店当营业员。"那时候一个中秋节每天能卖五万多块月饼，"陈钢年满怀自豪地说，"我们营业员经常练兵，进行考核比赛、技术比赛。当时营业员要做到'三个一'：一个人要抓住三个客人，手里做一个，嘴上招呼一个，眼睛看着一个。"高强度下锤炼高标准，高标准下夯实高质量。无论在任何环境、局面和场景之下，稻香村人都将"带给消费者最优质的产品与服务”当成自己的使命，努力践行，努力完成。

如今的稻香村糕点已经走进千万家庭，成为构成人们美好生活的一部分，为亿万人民带来温暖和幸福。那么，稻香村集团究竟从哪几个方面做到满足消费者对美好生活的追求呢？

1. 满足消费者的新口味需求

“供给侧改革”要求企业必须跟着消费人群走，以满足消费者的需求。随着时代变革和经济发展，人们对糕点的品种、口味提出了更高要求，这就要求供给方做出相应的改变。稻香村集团始终将消费者放在战略决策的中心位置进行考量，制定的战略决策必须以满足人们对于美好生活的追求为根本，所有改进都以能给人们带来幸福和美好享受为准则。

“稻香村集团在技术创新方面持续加大投入，产品研发跑出了加速度。”董事长周广军介绍，近几年稻香村集团不断适应消费者的新口味需求，开发出品类丰富的综合性食品，产品系列基本涵盖即食类产品，延伸品种1000多个，成为中式糕点集大成者，满足不同消费人群的多元化需求。

稻香村虽然在不断研发适合消费者新口味的产品，但从来没有忘记自己是“中华老字号”，承担着传承和弘扬中华文化的重要使命。因此，对于月饼等传统糕点的生产加工丝毫不放松，严格把控每一道工序，禁止一丝一毫的差错。在继承传统的基础上，稻香村适应新口味需求，开发出涵盖糕点、休闲食品、节日食品、面包主食、坚果系列、速冻食品在内的1000多个品种，成为闻名中外的“中国味道”。

2. 开发具备区域特色的产品

面对大江南北、五湖四海的消费者，新口味的研发极具挑战性。稻香村集团加大研发投入，通过内外部的研发平台，针对不同区域开发出具备区域特色的产品，满足消费者的多元需求。

为了满足不同区域消费者的需求，稻香村在山东、辽宁、四川等地的产品中融入了一些当地的特色口味。另外，稻香村还研究并尊重海外消费者的饮食需求，不断调整产品口味，深受国内外消费者喜爱。

3. 降低产品中的糖、油含量

现在人们愈发意识到了健康的身体对美好生活的重要价值，于是更加提倡健康饮食理念。为达到“健康的生活”这个目的，稻香村在尊重传统工艺的基础上进行技术革新。通过不断研发，降低糕点成分中的糖度、油度，还推出无蔗糖产品，在保持糕点口感的同时又要保持新鲜度，为人们幸福生活贡献价值。

急百姓之所急，想百姓之所想，是稻香村对社会的责任。周广军说：“稻香村作为中国糕点的代表，计划持续助力中国糕点消费升级，为国人提供健康、高品质的糕点。”

稻香村推出的月饼产品正是上述理念的体现。除了五仁、枣泥、椰蓉等传统口味的月饼，稻香村陆续推出了使用燕窝、黑松露等原料的“流心奶黄”系列月饼，彰显食材品质；“黑金”月饼则选用黑小米、黑小麦、黑玉米、黑芝麻、黑香米组成的复合粉为原料，主打营养健康；金骏眉红茶月饼、红烧牛肉味桃山月饼、炭烧咖啡味月饼等，让消费者不仅吃出健康，更要吃出花样。

如今，健康产品已成为稻香村集团未来重点发展的系列，助力稻香村品牌增长，形成发展新格局。

4. 发展全谷物食品

人们对食品的质量标准、营养标准和健康标准要求越来越高，由此应运而生的全谷物产品一经推出立即风靡市场。全谷物食品富含膳食纤维、维生素、矿物元素及酚类化合物、类胡萝卜素、木酚素、β–葡聚糖等。有关数据表明，长期食用全谷物食品的人群摄入的这些营养物质，对预防部分慢性疾病及辅助疾病治疗有一定的作用。我们有理由相信，全谷物食品正在迎来崭新的篇章。

面对全谷物食品对人类健康的各种好处以及在国际市场的迅猛发展，稻香村集团作为中国食品老字号企业绝不会视而不见。在目前国内对于全谷物食品尚无统一的国家强制性标准的环境下，稻香村集团张家港公司主推全谷物健康烘焙产品，成为美国全谷物理事会（Whole Grains Council）中国区为数不多的通过全谷物理事会审核的烘焙企业，为我国全谷物烘焙食品行业的发展翻开了全新的一页，同时张家港公司旗下部分热销烘焙产品也成功通过了美国全谷物理事会的全谷物认证。

获得认证的稻香村集团张家港公司旗下全谷物烘焙食品

产品名称	全谷物含量（每100g产品）	全谷物占谷物含量比
全麦粗粮面包	33g	53.70%
全麦麸皮粗纤维面包	27g	46.70%
抹茶全麦面包（抹茶蔓越莓风味）	27g	50%
代餐饼干（蛋白燕麦风味）	31g	55.20%
代餐谷物面包（黑麦风味）	17g	31.60%

5. 以消费者需求为中心开展数字化转型

近年来，数字经济发展如火如荼，不少老字号企业都借助互联网平台，在数字经济的大潮中破浪前行，稻香村集团也顺应时代发展，积极探索数字化转型。

2021年中秋节，稻香村月饼线上销量增长20%以上。根据电商平台的消费数据，稻香村的消费者年龄段在25～35岁之间，体现了年轻人对老字号品牌的认可。

创立于1773年的稻香村，是商务部首批认定的“中华老字号”。一个创立了两个半世纪的老字号能在线上渠道占领一席之地，并且消费群体以年轻人为主，离不开数字化、智能化的转型升级。如今，稻香村集团是集生产、销售、研发，以及传统渠道、海外渠道、线上电商、新媒体、线下门店等全渠道分销为一体的综合型企业。

进入移动互联网时代以来，稻香村集团对于企业自身定位非常清晰，及早布局数智化，持续为消费者提供高质量的产品和服务，助力人们的幸福生活。

国潮起，万物生。稻香村集团会始终将“满足消费者对美好生活的向往”这一目标放在首位，严把产品质量关和安全饮食关，让消费者吃得放心。除此之外，稻香村还推动“1亿家庭计划”的实现，让“每个好日子，都有稻香村”！

稻香村人会尽力实现周广军立下的FLAG（目标）：要和稻香村一起，为消费者的美好幸福生活贡献价值，不断努力！

线下+线上全渠道覆盖

2020年8月14日至16日，第57届中国特许加盟展在上海新国际博览中心举办。稻香村集团隆重参展，受到现场观众的热捧，签下了许多订单。

中国特许加盟展于1999年创办，主办方是中国连锁经营协会。这一展览每年巡展全国多地，有“中国加盟市场风向标”之称。作为极具知名度的中华老字号食品品牌，稻香村是首次参加该展会。虽然稻香村是首次参展，但鉴于其品牌知名度，一亮相便立即成为关注焦点，人们不仅表现出对加盟稻香村的热情，还对老字号在网络时代的强势表达出赞叹之情。

糕点行业是民生行业，与人民生活息息相关。稻香村紧跟消费升级趋势，扩大内需，拓展渠道，促进消费。稻香村集团董事长周广军表示：“稻香村响应国家号召，紧跟时代步伐，积极拓宽新渠道，探索运用互联网等新工具，特别是最近几年，渠道规模增长迅猛。”

近年来，稻香村的专营店、商超专柜以每年近百家的速度扩张，销售市场已覆盖全国主要地区。北至黑龙江，南至海南岛，西至新疆、西藏，东至长三角，并逐渐下沉到中国的三四线城市及县级市场，消费者可就近品尝正宗的稻香村糕点。除此之外，稻香村的产品还出口到海外40多个国家和地区，向世界传递中国传统糕点的美味及弘扬中华传统文化。

稻香村的专营店和商超专柜均采用统一设计风格，店面和专柜的选址、筹备、营销、运营等各环节都有成熟的规范、标准及流程。截至2020年，稻香村集团在全国已经拥有近800家专营店、10万余个网点。

稻香村集团不仅将店铺和终端网点开设到全国各个角落，还深抓品牌推广，让稻香村经过线下沉淀更加深入人心。如稻香村集团沈阳公司扎根东北地区，把稻香村全品类铺向市场：有全年销售的中式糕点、休闲食品和面包等，有节日性产品粽子、月饼、年货和汤圆等，同时在机场、高铁站、地铁、公交车体、出租车、小区门禁和广播电台等多渠道投放广告，提升销售量的同时推广品牌文化。每逢佳节倍思“村”，可以说越来越多的人通过这些方式了解了“食中隽品，美味不可多得”的稻香村。

稻香村集团线下渠道如火如荼，线上渠道也在持续推进。稻香村集团是较早“触网”的老字号企业，通过主动融入互联网，布局电商新零售提升消费者体验，满足消费群体的个性化需求。早在2009年集团就开始实施“互联网+稻香村”战略，成立了电子商务部，在天猫、京东等主流电商平台设有官方店铺，并已连续多年在各主流电商平台糕点类目、月饼类目取得骄人的成绩。

线上购物与线下零售的融合，造就了全渠道营销时代的来临，无论任何时候、任何地点、任何方式的购买需求，都会通过实体渠道与线上电子商务渠道整合的方式得到满足，集团提供给消费者无差别的购买体验。

随着电商直播成为新的风口，稻香村集团积极拥抱变化，从与头部主播合作直播带货到自建直播团队、开发微信小程序商城，再到尝试社群营销，打出了线上营销组合拳。

2021年，稻香村成功拿下快手平台月饼品牌销售第一名。据飞瓜数据统计，中秋期间，稻香村在快手平台30天内关联播主347个，关联直播1459场，销售额达到了4061万元。在抖音平台，稻香村集团30天内投放1366个达人账号，推广商品587款，总销量为32.8万件，总销售额为3019.8万元。

艾媒金榜发布的“2022年中国粽子品牌排行榜Top15”显示，稻香村凭借丰富多样的产品和出色的产品质量高居第二。2022年月饼季，稻香村“上品荣礼”月饼礼盒进入辛选直播间，单品销售量突破15万，销售额达到4300万元，成为中秋爆款。2022年，稻香村共出口月饼80万盒、800多万块，较2021年均增长六成以上。

2023年春节，稻香村集团迎来兔年销售“开门红”。在淘宝平台，稻香村食品旗舰店在近30天内交易指数超108万，交易增长指数高达1298.09%。在京东平台，稻香村“福味稻香”中式糕点礼盒位列榜首，创造出33.5万人买过、24小时内售出超3000件的好成绩。此外抖音平台数据显示，2022年12月14日至2023年1月12日期间，稻香村品牌凭借超18万元的成交金额指数位居糕点类品牌榜单第一名，稻香村中式传统糕点礼盒以超900万元的成交金额位居糕点类商品榜单第一名。

线上销量数据、客户画像和产品服务反馈的大数据又及时有力地促进了产品开发、客户服务及供应链水平的提升。稻香村集团线上线下势如破竹，不仅实现销售目标，也再一次放大了品牌在全网的声量。

这是一场新消费市场的“抢滩登陆战”，也是围绕“人、货、场”的认知与技术变革。在“双循环”新发展格局及消费需求倒逼供给的背景下，全渠道正在重塑消费市场格局。对此，周广军表示：“当前，在‘双循环’新发展格局下，稻香村正不断激发内生动力，打造科技型企业，让中国味道香飘海内外。”

香沁满园正芳菲，稻香村作为国家首批认定的“中华老字号”企业、江苏省非物质文化遗产保护单位，已历经六代传承。从千里传音的书信时代，到即时送达的信息时代，稻香村一路走来，深耕细作，打造出线下与线上的全渠道覆盖营销网络，充分占领消费者心智，彻底在各级市场开花结果。可以想象，未来在线下的每一个角落，在线上的每一端，都会有稻香村的品牌声音。

2020年12月5日，稻香村集团董事长周广军出席中国企业家博鳌论坛。他强调："稻香村将继续加强渠道建设，深耕国内市场，加强渠道下沉，布局线上营销平台，同时开拓海外市场，加速'稻香村出海'战略，充分利用两个市场、两种资源，实现高质量发展。"

从"国潮"到品牌国际化

因为国货的强势崛起，稻香村受到了前所未有的关注；因为稻香村备受关注，国货获得了巨量的创新力。两者相辅相成，相互助力，成为品牌突围的关键。

近年来，老字号月饼品牌在坚持传统口味的同时，开始研发新潮口味，并开展跨界融合，创新年轻人喜欢的产品。比如，稻香村推出"峡谷月明"中秋礼盒月饼，不仅有新意，还特别有"潮"味儿。

稻香村集团与《王者荣耀》跨界组合，将《王者荣耀》的峡谷风格元素与稻香村的非遗匠心产品巧妙融合，打造出传统与新潮结合的联名之作。在与"王者"联手之后，稻香村集团又与"剑客"携手，与《剑网3》大IP共同推出

稻香村与《王者荣耀》联名礼盒

了“梦回稻香”中秋联名定制月饼礼盒，礼盒有颜有料，惊艳了不少粉丝玩家和崇尚新潮的小伙伴。

稻香村集团创新经营理念，玩转电商直播和跨界联名，与蒙牛、东阿阿胶、功夫熊猫、康师傅、元气森林等知名品牌和IP推出的跨界联名礼盒，进一步扩大了消费圈层，也拓展了新的消费场景。

如今，“国潮”成为国内消费领域的热门词，伴随95后、00后的成长，“国潮”将持续保持热度。稻香村集团是如何利用这股热潮的呢？

稻香村集团董事长周广军认为，“国潮”应该从两个方面来看：从表面上看，“国潮”更多体现在产品造型上，这些造型多由设计师结合中国传统文化设计而成；从实质上讲，“国潮”是国家发展阶段的一种品牌折射，是一种文化自信的表现。

针对这样的趋势，品牌需要给年轻一代的消费者一个文化表现的形式。于是，很多品牌没有找到真正应该发力表现文化的形式，只在包装上发力。这样造成的直接结果是，品牌的文创做得足够受欢迎，但以文创的名义给产品赋予的附加值远超过了产品本身的价值，反而给产品价值造成了拖累，让产品不堪重负，最终丧失了性价比。

此外，当今的主流“国潮”大多呈现为一种主观的文化体验，即每个人对“国潮”的认知都不一样，企业只顾着表达自己想要表达的“国潮”，做着做着往往就偏离了真正的“国潮”，变成了脸谱化的“假国潮”。

对此，周广军认为，真正的“国潮”必须坚持美学的概念，必须具有冲击力。“对于品牌来说，在追随‘国潮’的时候不要简单地跟风，而是要真的做出能引领审美趣味且性价比高的东西。”毕竟品牌的本质终究在于其产品本身，企业不能为了“国潮”而去歪曲审美或者降低产品的性价比，这是一种本末倒置。

稻香村集团革新的经营路径，将国潮国风引入营销，推出的首家国潮体验店——苏州观前街店，立足传统苏州文化，打造“乾隆探店”“苏州园林”“红楼梦”等IP产品，设置手作区、文化体验区等功能分区，将“国潮”概念具化，受到年轻消费者的关注，刷新了品牌认知。

稻香村“乾隆探店”伴手礼盒

品牌走“国潮”路线虽然已经成为国内消费引擎，但仅限于“国潮”也会让品牌陷入短期战略的桎梏中。对于始终要处在老字号企业领军地位、始终坚持打造强势品牌的稻香村集团而言，一条腿走路是绝不可以的，“出海”是其长期战略的另一条支撑腿。

所谓“出海”，就是品牌国际化。品牌国际化要求企业有在全球范围内的战略眼光，有对时事经济发展的辨识度及良好的发展定位，要求企业凭借海外市场的力量扩大品牌影响面，使自己变大变强，如此才能够成为世界知名品牌。

目前，稻香村集团作为中国传统饮食文化的代表性企业，已经走向40多个国家和地区，但海外的消费群体还集中在华人以及一些对中国文化感兴趣的非华人群体间。总体来看，现阶段的出口量还不算大，海外市场的经营比例占集团整体的比重还比较小。

鉴于当下仍需要加大力度推动稻香村的品牌国际化，周广军认为达到目标的关键点有三个：

1. 在产品上凸显本民族的文化符号

例如，稻香村集团出口量较大的“老面包”，因为面粉的选择、发酵的味道等极具民族特色，这种特有的工艺传承赋予了中式糕点独特的口味和情感寄托，在本以糕点见长的西方国家占有了一席之地。

2. 在产品标准上和国际对接

各个国家对进口食品的要求不一样，且会随时调整，因此具有品牌国际化意识的稻香村集团早些年就开始布局，率先建立起了可有效融入海外市场的产品标准体系。

3. 产品以外的国际化

国际化并非局限于产品本身的国际化，还可以是操作上的国际化、使用技术上的国际化。比如，稻香村集团在国内国外两条产品线上已经可以做到同线输出，在产品标准、产品质量和包装形式上都和国际标准趋同。

21世纪，品牌营销虚拟化时代到来，改变了传统的地域营销、广告促销和有形购物的概念，为扩张全球化品牌战略带来了机遇和挑战。但是，品牌在全球推广过程中，也将面临科学技术日新月异带来的问题，如新产品不断出现导致产品生命周期缩短、产品差异化减少以及消费者需求共性增加。稻香村集团在通往国际化的道路上也遇到了这样的情况，董事长周广军的应对策略有两点：

1. 注重多元化诉求

稻香村集团将品牌国际化策略加以细分，形成各个小区域范围内的策略，注重与当地文化的交流与沟通，同时直接从消费者那里获得信息反馈，在更容易被当地消费者接受的情况下，让全球化战略容易实施。

2. 坚持品牌无国界

稻香村集团十分注重使用当地资源，例如聘用当地人才，全球化采购原材料，从而保证产品和服务的高质量。

稻香村集团坚持“国潮”与国际化双引擎驱动。目前，稻香村集团精心谋划、真抓实干，正在努力让中国特色的消费品符合国际标准。假以时日，稻香村集团会变得更强大，会让中国的标准变成国际的标准。

统一大市场孕育无限商机

2022年4月10日，《中共中央、国务院关于加快建设全国统一大市场的意见》发布，提出我国将从基础制度建设、市场设施建设等方面打造全国统一的大市场。

统一大市场的建立，可以充分发挥法治的引领、规范、保障作用，以全国统一的市场制度规则打破地方保护和市场分割，打通制约经济循环的关键堵点，促进商品要素资源在更大范围内畅通流动。

统一大市场的建成，全面推动了我国市场由大到强转变，为建设高标准市场体系、构建高水平社会主义市场经济体制提供坚强支撑。

同样是2020年，新冠肺炎疫情肆虐全球，国际经济陷入低迷，国内消费不足、出口受阻，为推动经济加快回归正轨，国家提出要“构建国内国际双循环相互促进的新发展格局”。作为最主要的市场经济主体，中国企业主动求变，抓住机遇寻求突破。

稻香村集团在这样的历史性机遇面前，展开了线下与线上的全面行动：

1. 打通线下服务渠道，将专卖店开设到了全国每个可辐射的地域

2020年9月，稻香村集团开设在西藏地区百益超市的拉萨市区广场店、西郊店、海亮店、林芝店相继营业，标志着这家源自苏州、传承两个半世纪的中华老字号的市场版图现已辐射全国。

此次入驻西藏，稻香村集团除了带去丰富多样的正宗美味外，还结合当地饮食习惯，销售荞麦饼。在高原开店，对产品本身有着更高的要求，稻香村集团积极探索优化产品，为消费者送上正宗地道的产品。营业仅两个月，稻香村的产品就在西藏市场站稳了脚跟，产品经常供不应求。

稻香村集团在其他省市地区非常重视传统节日的营销，在西藏地区也同样如此。例如，在中秋佳节临近时，稻香村月饼便在百益超市拉萨市区广场店、西郊店、海亮店、林芝店等同步上新，为阖家团聚时刻添上一份甜蜜。

2. 加快下沉市场，布局三四线城市和县城市场

与“大品牌重视大市场，老字号重视老渠道”的传统营销思维不同，稻香村作为大品牌和老字号，也同时重视小市场和新渠道。尤其在《中共中央、国务院关于加快建设全国统一大市场的意见》发布后，布局下沉市场成为稻香村集团的重点项目。

下沉市场的重点是经济较好的县级市场。例如，在河南省漯河市临颍县、河北省保定市易县、山东省临沂市莒南县、湖北省黄冈市罗田县等多个市县开设门店，进一步扩大了产品辐射面。

3. 完善线上销售渠道，打造立体网络营销

根据天猫官方数据显示，2020年8月，月饼类目天猫店铺“稻香村食品旗舰店”位居销量榜首，“稻香金牌”月饼礼盒更是在18小时内累计销出72.8万盒，销售额突破1500万元，登上8月月饼类目热门商品榜首位。

2020年中秋节，稻香村线上销售、旗舰店销售份额均为第一，线下销售份额则占据总销售额的近30%。可以说从糕点品类的规模体量来看，稻香村集团已经成为行业龙头企业。

现阶段，稻香村集团正在积极推进全渠道的建设和覆盖，在不同的平台面向不同的消费群体，并拥有不同的人群定位和客户画像。

4. 夯实国际化战略，彻底打开出口通道

稻香村集团的全国化布局已经基本完备，线上布局逐渐完善，国际化战略的脚步也在逐步夯实。稻香村集团下属的苏州、北京、山东、沈阳等7个工厂有出口资质，生产的中式糕点已售卖到几十个国家和地区，并且每年都有新增的国家和地区加入到稻香村集团的国际化网络中。

稻香村集团董事长周广军认为，今后以国内大循环为主体、国内国际“双循环”相互促进的发展格局是未来的必然趋势，这就要求企业必须进一步发掘内需潜力，利用好国内外两个市场、两种资源，真正实现可持续发展。“稻香村深耕国内市场、拓展国际市场的策略始终以市场和消费者的需求为导向，以创新引领企业发展。”

5. 走国民路线，坚持品质为王

对于稻香村集团目前在消费市场上的地位和品牌定位，周广军说："稻香村的产品多元齐全，所以不能单一地说我们定位于哪个年龄段或者哪个收入层，整体上是走了一条国民路线。"

企业在接轨进入统一大市场前，一个尖锐又隐蔽的问题必须提前认识到，即背后一系列的供应链和品牌营销需要跟上，简而言之，"不辜负消费者的信任"。对于老字号企业，除去岁月和历史故事的积淀，对品质的精益求精、创新精神和技术投入都尤为重要。可以肯定的是，稻香村不会再去刻意凸显"老字号"的概念，也不引导大家为了老字号的情怀去购买产品，而是更加专注于产品的品质，让产品能真正符合用户需求，从而让"老字号"本身产生一些附加的品牌价值。

周广军认为，创新不足是大部分中国企业走向世界面临的重要问题，"出海"之前必先修好"内功"。这位掌舵者对于稻香村集团的期许是："成为一家现代的企业，一家科技的企业，才能够让老字号走得更远。"

产品是企业的灵魂，品质是企业的生命，稻香村集团把产品做到极致，是本行业的佼佼者，是食品界的领跑者。

第4章　市场逻辑 | 能让老字号成长的只有市场

把食品文化当作一种信仰

每个人的心里都藏着一份只有自己才知道的执着，而在它的背后，则是一种被世人称之为“信仰”的东西。

在不完美的红尘中，拥有信仰是幸运的。因为信仰非常神奇，它守护着我们珍贵、美好的初心，让人能够不畏过去，也不惧将来。

有人信仰真爱，便生死不渝地相随！

有人信仰美食，便食不厌精脍不厌细！

有人信仰山水，便山一程水一程奔赴！

有人信仰真理，便正道沧桑无怨无悔！

……

1979年，恢复高考第三年，怀抱携笔从戎、参军报国的理想，16岁的周广军参加了高考。那一年468万考生浩浩荡荡奔赴考场，只有28万人成为佼佼者，周广军是幸运者之一。但是，他在内心深处感受不到幸运，因为他没有被向往已久的国防院校录取，向他敞开大门的是无锡轻工业学院。

今天，走到人生的十字路口，人们有许多选择的余地，然而彼时上大学是改变命运的唯一机会，如果不抓住这个机会或许会永远失去它。因此，即便不是自己最初的理想专业，周广军还是咬着牙走进了这所大学。

现在看来，这份坚忍和希望是多么可贵。在人生的无数个岔路口，周广军与他的专业相遇了，也和自己的信仰相遇了。

“这个决定改变了我的一生。”周广军说，“在那个年代，大家对食品工程这个专业知之甚少，但在学院里上了一段时间的专业课之后，我慢慢地喜欢上了自己的专业，并逐渐明确了自己要走的方向。”他笑着回忆：“那个年代对知识的渴求是分秒必争的。在宿舍里，大家人手一个手电筒，每晚熄灯后，我们都捂着被子偷偷用手电筒照明读书，直到电池用尽。”

周广军对中国食品文化从最初的不解排斥，到后来的真心融入，走过的不仅是时间，还有心路。他对食品文化有一种信仰般的感情，注定要为这种信仰奉献一生。

当一个人对中国食品文化满怀信仰时，有另一群人早已将对中国传统食品的信仰刻进了骨髓里。

曾经，过年的一块酥糖，中秋的一块月饼，对于童年的我们是再幸福不过的事儿。时光荏苒，岁月更替，几十年的变迁让生活富足了，也让我们越来越难以感受到幸福的滋味。只有那一块酥糖，一块月饼的味道，却依然时常唤起曾经的记忆。

从未走远的过去，到经历过的童年，再到正在经历的当下，记忆里的味道从未变过，因为这味道是一代代有信仰的人对我们的承诺。

稻香村的苏式月饼是纯手工的，讲究时令，要用应时应季的食材，才能将月饼的本味发挥到极致。一个简单的酥皮，卷起来必须要有18层。为什么一定要18层？用把作师傅的话来讲：没什么缘由，这就是规矩！今天少一层，明天就可能少两层，不能开这个口子。

的确，规矩就是规矩，立下了就不能破，一丝一毫也不行！但是，说着容易，做着难，只有将食品文化当作信仰的人，才能一代一代坚守下去。

稻香村糕点制作技艺传承人对工艺、手法的要求执着，甚至是苛刻。收徒亦是如此，重“艺”更重“德”。“压箱底儿”的绝活，不会轻易教授，除非你有传承的热情，更能耐得住寂寞。

稻香村的工艺不只有传承，还有革新，因为时代在变，食客的需求也在变，一味传承确实能保住老底子，但也会丧失新机遇。而革新并非只为求“新”，融入“新”的同时还要保住“老”的精华。

为了让传统技艺进一步升级，徐红生用了近一年的时间，做了近百次试验，让纯手工的“云片糕”实现了机械化生产。艾满，让原本只能在苏州本地才能尝到的“鲜肉月饼”卖到了全国。虽然工艺机械化了，但产品的味道还是和手工制作的时候一样；虽然销售跨地域了，但任何地方的人吃到的味道都是一样的。

稻香村传承人信奉：一件事做一辈子。一辈子能做好一件事，就已经非常了不起了，这需要强大的信仰力量支撑才能实现。就这样，一个把食品文化当作信仰的人，遇到了一群把食品文化当作信仰的人，一切就那么地顺其自然了！

在周广军掌舵稻香村的这些年里，对食品文化的信仰已经从领路人和传承人那里，延展至每个稻香村人的心田。正所谓“工欲善其事，必先利其器”，一道食品的诞生，除了食物本身，更重要的还是食品背后的故事。

在企业发展过程中，优质的服务是推动力，而优秀的产品质量是企业的灵魂，世界知名企业无不注重产品的质量，以此为企业的行稳致远保驾护航。

产品质量的优与劣，关键在于人员的操作及把控，这就对生产人员和质检人员的专业能力和责任态度提出了要求。专业能力可以通过知识和技术储备实现提升，而责任态度需要企业价值观和内心信仰的双重规范。

在稻香村集团，关于质量的提升一刻都没有放松过，无论是专业培训还是每周例会，质量总是作为头等大事贯穿其中。专业培训是生产人员和质检人员成长的最佳路径，能快速地提升员工的专业能力，而例会提出的一些生产过程中的质量问题，则能让专业技能更好地运用于实际工作中。

对于责任态度的提升，稻香村集团提倡从良性沟通做起。调动个体责任心，对发现的问题和产生的疑惑，及时准确沟通，确保问题和疑惑得到解决。工作中的阻力少了，工作的热情就高了，会让产品质量的要求更好地落实落细。

稻香村人将食品文化当作信仰，将食品质量当作根本，确保每一个产品从生产线出来都能完美无瑕，良好的产品质量为企业的品牌形象增彩。相信在信仰的感召下，稻香村集团的“版图”会越来越宏伟，越来越辽阔！

“民以食为天”，唯美食与爱不可辜负，唯信仰能将食品与文化相结合。

“触网”：百年老店也有流量思维

“老字号就是一种遗产，纵向地记忆着城市的史脉与传衍。”在作家冯骥才的笔下，老字号拥有无法复制的人文气韵和独一无二的浪漫主义精神。

但在现代商业社会中，老字号们的命运却相当坎坷。新中国成立之初有超过万家的老字号，绝大部分都湮灭在时代浪潮中成为历史，老字号品牌以肉眼可见的速度消失着。虽然近年来老字号在网络时代也在努力提升企业活力和品牌影响力，但因为无法真正与这个时代兼容，很多老字号活得并不好，盈利能力与品牌影响力与其厚重的文化内涵和品牌积淀并不成正比。

今天，稻香村活得足够好，不仅活成了其他老字号的榜样，还活成了同类行业的龙头。那么，其生存秘诀是什么呢？

作为传统的老字号食品企业，稻香村集团一直在变，也一直没有变，变的是营销策略，不变的是品质与工艺。正如稻香村集团董事长周广军所说：“老字号传承的是一种工匠精神、精益求精的精神。想要老字号取得持续发展，传承创新、工匠精神、精益求精、诚信、严格要求，这几点是一定要做到的。”

匠心与创新并存，才是老字号美食的“华丽转身”之道。匠心是对产品品质近乎苛刻的精益求精，历代稻香村人坚守的品质底线从未跌破，将来也必然会守住。

创新不仅体现在产品品类的研发上，也体现在营销策略的革新上。稻香村集团与时代的距离从来都是“零”，即时代发展到了哪一步，稻香村就紧跟着做到哪一步，高度契合，无缝衔接。

稻香村被业界尊称为“糕点泰斗”。这位“泰斗”不仅功底深厚，还在信息化时代第一批链接上了流量思维。早在2009年，稻香村集团就成立了电子商务部，逐步开启“稻香村+互联网”的新型模式。近年来，更是积极布局新零售，通过大数据、升级改造门店、线上线下协同发展，成绩骄人。

很多零售企业接触信息化都是从电商开始的，稻香村集团走的也是这条路，只不过走得更为稳健有力。稻香村集团信息技术部总监马尘飚介绍说：“电商一直是站在信息化、数字化的前沿。稻香村集团从2009年开始布局电商平台，先后做过自建平台商城，也有与第三方平台合作，经过几年的摸索，最终定为与第三方平台合作，如京东、天猫、拼多多、抖音等主流平台，且月饼、糕点等品类销量排名第一，销量占企业营业额的30%左右。”

只听稻香村集团内部人士讲述稻香村借助电商取得的线上战绩，或许会怀疑其中有不实的成分，那么电商平台统计和发布的数据则能充分说明问题了。在阿里研究院依托阿里巴巴集团海量数据发布的“中华老字号电商百强排行榜”上，稻香村于2016年在食品类勇夺电商销量第一名。在天猫、京东等主流电商平台的月饼类目、糕点类目销量统计中，稻香村集团勇夺第一，同时也是食品餐饮类中华老字号电商销量第一名。

一个有着两个半世纪历史的老字号企业，究竟是如何取得这么多个第一的呢？关键在于稻香村集团拥有流量思维。百年老店和流量思维，看起来并不是很搭，但组合起来效果却极好。

稻香村集团的流量思维体现在用户画像的准确程度上。通过大数据工具对区域、客群、品类、口味等维度分析，促进了产品的精准迭代升级。通过对用户画像的精确刻画，稻香村能够清晰看到产品的主要消费者年龄段在25~35岁之间，老字号成功地吸引了年轻人，这是不得了的成绩。线上销量数据、客户画像和产品服务反馈的大数据，及时有力地促进了产品开发、服务及供应链水平的提升。

稻香村集团的流量思维也体现在数智化转型上。作为中华老字号中较早“触网”的企业，稻香村集团为全面实现企业的数智化转型，借助钉钉构建新型的企业组织架构，数智化办公管理更加高效，智能供应链管理更加精细，智慧型门店管理更加快捷，加快实现移动互联与新零售的嫁接与转型。

稻香村集团的流量思维还体现在品牌联动上。稻香村在文化创意营销方面不断进行新的尝试，如老字号品牌联合出品，相互赋能传播、品牌IP产品赋能推广等，都收到了很好的效果。借用公众号、热门影视剧、支付宝等大流量平台，借助“两微一端”（微博、微信及新闻客户端）的自媒体运营和抖音、快手等短视频平台的内容创新，以及AR技术创新营销等多场景，与年轻消费者积极互动沟通，获得了“超级国潮品牌”的口碑。

最后，稻香村集团的流量思维必须体现在产品的内外兼修上。如果你认为“梦回稻香”仅仅是一个礼盒，那就错了，因为它是一件精美绝伦的工艺品：在视觉上，借鉴了敦煌壁画的赋彩规律，用现代插画的形式绘制；在工艺上，提取了壁画中的飘逸纹样，运用光泽绚丽的烫金工艺；在结构上，用交互设计传达物理美学，打造复古的西洋镜盒体；在创意上，内壁所绘欢快灵动的阿甘抛兔，在阴晴圆缺的秋月下栩栩如生！礼盒不仅颜值在线，口感同样在线。共有7种口味的8枚精致点心供消费者品尝：有酥松咸香的蛋黄酥，细润软糯的蛋黄莲蓉，金黄流沙的流心奶黄，绵软馥郁的流心红茶……口味多样、五彩缤纷，有颜有甜，这是“没有受众门槛”的极致产品。拥有了做到极致的产品，就等于拥有了取之不尽的流量之源，消费者愿意购买，也乐意谈论。

老字号需要重新唤起社会对其价值的认可度，就必须搭载流量思维，将企业置于聚光灯最亮的地方，接受流量的洗礼，也接受流量的馈赠。

直播带货，让商品爆卖

据商务部监测数据显示，2020年，在1128家中华老字号企业中，年营业收入超1亿元的企业占比达32%。在经历了从“万众宠爱”到“备受冷落”的大起大落后，活下来的老字号无论走得好与不好，都拽着时代的衣襟，不敢被落下。

若要问当下时兴哪些“招数”呢？直播带货一定是最得力的举措。

随着互联网和社交媒体的快速渗透，直播带货成为最新式、最强劲的风口，无论是网红还是明星，抑或路人，纷纷开了自己的直播间叫卖商品。直播带货颠覆了传统的电视购物、视频网站和电梯广告等，让营销传播的渠道发生了根本性变化，从被动宣传升级为“主动出击”。无疑，直播电商的强势崛起，是目前国内国际消费市场最大的一只“黑天鹅”。

面对这只起舞的“黑天鹅”，越来越多的传统企业都必须谋求转型，通过电商品牌焕新，赢得市场增量。作为老字号企业，稻香村集团近年来一直在积极拥抱新经济、新模式，发力线上营销，悄然改变触达人们的方式，让品牌焕发新活力。

2019年——直播带货风口正式形成的前一年，稻香村集团就发现了这个机遇，主动尝试与知名网红合作，并筹建和锤炼直播团队，开发微信小程序商城，同步尝试社群营销。

2020年中秋节，直播带货成为稻香村集团新的增长点。金星、海清、林依轮、辛选团队等明星和网红都为稻香村带货，整体成交额达4000万元，一款“迎月月饼礼盒”在直播间内共卖出近29万盒，成交额近2000万元。

彼时处于疫情防控的严峻阶段，严重考验零售类企业的营销能力。虽然消费者网购的需求旺盛，但太多企业苦于生产环节与供应环节在疫情之下无法良好运转的现实，消费者的需求只能被空置。这样的局面下，传统老字号企业因为船大难掉头，更加难以适应艰难的局面。同为老字号企业的稻香村集团却并未受困于现实，得益于较早的“互联网+”及数字化布局，在疫情期间表现出了良好的抗风险能力和恢复能力。

在2020年中秋节的“月饼营销大战”接近尾声时，天猫、京东的数据显示，中秋节前30天内，月饼类目稻香村表现最为亮眼，占据双平台销售榜首位，稻香村食品旗舰店同时荣登天猫平台月饼板块店铺榜首位。

如今直播带货的强劲东风已经吹了三四年，敢于第一批借东风的企业早已做大做强，入局较晚的企业也在想办法弯道超车。但是，想要弯道超车，就要充分认识到直播带货能够异军突起的道理。

直播带货的最大好处，是广告投放被彻底省掉了，也不用线下铺货，因为好的内容、红人IP、意见领袖、社区达人本来就是“广告位+新货架”的合体。

周广军带领的稻香村集团充分认识到直播带货的关键利益点，果断抓住时代机遇，通过与“广告位+新货架”合体的合作，通过高频次直播、长时间覆盖和各种优惠福利，吸引了粉丝的关注与喜爱。

2021年夏季，稻香村集团先后同几位国内顶级网红合作，创造了一次性带货超过11万单和7万盒的佳绩。稻香村集团销售的是食品，即便预知直播带货会产生巨额销售量，也不能提前将所需产品全部备好。在迎接销售喜讯的同时，各部门人员必须随时响应，车间白班中班两班倒，生产设备连续作业，仓库打包人员起早贪黑，行政人员也要主动为其他需要的岗位提供帮助。在全体员工齐心协力之下，日均发货量超16000单，保质保量地完成了订单供货。

2021年9月14日，根据抖音发布的“零食/坚果/特产类目”自播店铺排行榜，稻香村在抖音开设的“稻香村官方旗舰店”高居榜首。

接连的霸榜成绩，除了带来可见的巨量销售额外，稻香村集团还有看不见的收益，最关键的就是助力企业产能提升。

直播带货的巨额销量不仅检验了员工的工作能力和工作态度，也检验了生产设备的保障性。为提高生产效率，达到更高的日均产能，以便更好地完成各项个性化生产的需要，稻香村集团及时更新了一批设备。例如，原本的自然冷却存在弊端，冷却后的面包内外温差大，在一定程度上影响口感，新增的冷却塔可以保证面包内外温度更加均匀，口感更佳，且冷却所需的时间大为缩短，提高了供货效率。

一波又一波的主播带货将稻香村集团的生产浪潮不断向前推进，同时也考验着后台服务水平。跟“爸爸糖”的业务合作，提升了后端一键代发客户的服务水平，为“稻香村”“福吉佳”品牌类似产品拓展新零售通路奠定了坚实的基础。由此可见，直播带货，带出的不仅是流量，还有支撑流量的一系列实际能力。

此外，直播带货不但彻底改变了营销传播的渠道，还让流量中的C位（核心位置）发生了变化，并因此极大缩短了品牌孵化的时间。当电视台、门户网站处于C位时，孵化一个品牌大概要10年时间；当电商网站、搜索引擎处于C位时，孵化一个品牌大概要5～6年时间；当主播IP、KOL（关键意见领袖）处于C位时，孵化一个品牌最多要3年时间。

正因为品牌孵化时间的大幅缩短，一些地方开始着手培养优质主播，广州地方政府出台的《广州市直播电商发展行动方案（2020—2022年）》，杭州市余杭区发布的12条“直播电商”支持政策，都显示地方政府在下大力气发展本地的红人经济生态。政策层面已经将直播电商人才当作新经济时代一种重要的资源和要素，力促红人经济向广域、向纵深进化发展。

正因为直播带货是时代的风口，并非是少数人、少数企业的风口，因此真正的C位不属于网红，也不属于明星，而是属于能够支撑新时代经济发展的顶流级企业。这就要求企业要踩准直播电商的风口，不要以博弈心态面对。企业不能总是算投机的账、算短期的账，而要凭实力抢占C位。

在创新传统、演绎节令美食的同时，稻香村集团不断拓展销售渠道，依托连年行业销量领先的电子商务领域，通过平台直播、新零售等新兴渠道打通线上线下壁垒，线上、线下齐发力，提高了产品销售额度和销售效率，同时为消费者营造更多的消费场景，提供更便捷的零售服务。

近年来，每到月饼销售高峰，稻香村集团除了线下专卖店、各大商超专柜、电商平台卖得火热，在电商直播赛道也保持着快速发展态势。“818购物节”活动中，稻香村集团与辛选团队合作直播，“上品荣礼”月饼礼盒单品销售额达到4300多万元，销售量突破15万，刷新战绩，成为爆款。2022年8月23日，稻香村集团又与东方甄选团队合作直播带货，当晚稻香村糕点礼盒销售量达到9800盒，销售额突破84万元。

通过直播带货，占据资源C位的企业很容易打造出爆款。用户容易记住爆品，也容易记住背后的品牌。

直播带货是全域触达，覆盖用户生活方式的方方面面，以及所有影响消费决定的场景细节。因此，企业必须适应这种新经济形态的“全域触达”，这是一场“超限战”，已经渗入现代生活的所有场景细节，是绕不过去的。

依靠市场摆脱发展困境

我们需要承认，今天的老字号企业从整体上看，发展还是偏弱一点，其中一部分原因在于老字号在消费者心中的印象问题。

这个印象，一部分是老字号企业自带的属性，就是“老”；另一部分是老字号企业自增的属性，强调“老”。前者属于先天因素，后者则是自我设限。老字号代表的是产品的历史和美誉度，并不代表产品的未来，更无法完全诠释品牌价值。所以，当一些老字号过分强调自己的“老资格”时，甚至直接对消费者说“因为我是老字号，所以你要来买我”，必然不会获得预期效果。

稻香村集团董事长周广军说：“老字号的发展（困境），不在于消费者和社会的误解，而在于自己。”企业想要发展，不论是传统型还是新兴型，都必须用贴近时代的语言、包装、产品和消费者建立联系，让消费者从产品身上看到未来。但是，很多老字号却执着于过去，始终在用“老字号”三个字说话。这是当前很多老字号企业出现发展困境的根本症结。

很多老字号企业之所以总是强调自身的“老资格”，是看见了政府对于老字号扶持的行动。

确实，现在每个城市都需要老字号去承担历史传承者的角色，并由地方政府牵头建设各具特色的“老字号一条街”。面对充满不确定性的市场，收益与风险是一体两面，获得相应的收益就要承担一定的风险。老字号企业虽然享受到了政府的扶植，但却并不能真正解决自身存在的不足问题，所以老字号企业要有拥抱市场的自觉，要以市场为导向去做事，要依靠市场摆脱发展困境。

周广军作为老字号企业稻香村的领路人，对于老字号该走哪条路有着非常清晰的规划，他说：“企业（稻香村）在以前辉煌过，但是企业毕竟是当下时代的企业。我认为能让老字号成长的只有市场，而市场不相信眼泪。”

市场不相信眼泪，市场只相信成长。谁成长得快，市场就对谁温情；谁成长得不够快，市场就对谁很冷酷。

因为国有企业处于优势地位，跨国企业拥有强大的产业结构，两者都处于温和的市场环境中，不愁生存，也不愁生长。占据三分天下最后一块的民营企业，就没有前两者那么好的境遇了。一出生就处在寒风冷雨之中，在严酷的环境中求生存，在惨烈的竞争中求发展，最好的生存之术就是野蛮生长。

所以，我们能够理解为什么一些老字号企业一直强调自己是“老字号”，就是因为字号虽老，但体量较小，希望动用自身最具价值的地方去争取外部的支持。但现实毕竟不是设想就能实现的，“倚老卖老”和“卖惨”显然不能在新经济形式下吸引消费者的关注。

在未来的市场竞争中，无论是老资格企业还是新兴企业，为了生存下来，企业都必须经受恶劣环境的磨炼，在逆势生长中一步步发展壮大。

老字号企业因为历史比较沉重，难以实现轻松发展，因此，外界都以为老字号和创新是矛盾的，但其实老字号发展的核心竞争力就是与时俱进。稻香村所处的食品行业，看似门槛低，其实竞争非常激烈，如果不能做到与时代接轨的快速野蛮成长，就难以达到依靠市场摆脱发展困境的目的，最终会被后来者居上，被淘汰出局。稻香村集团的核心竞争体现在企业的具体经营运作上，可以概括为如下三个方面：

1. 集团化战略

2009年8月，苏州稻香村食品厂、苏州稻香村食品工业有限公司股东通过决议，合资成立稻香村食品有限公司，注册资本5500万元。2010年1月，经股东会议决议，注册资本增至10000万元。此后改组为稻香村集团。

随后几年，稻香村集团加大对外投资力度，分别在江苏、北京、山东、辽宁、四川等省市进行生产布局，包括投资建设馅料厂、印务厂和原料基地等，极大地提升了稻香村的综合竞争能力。

2. 资源整合

除了纵向布局，稻香村集团还坚持横向资源整合策略，通过与其他老字号食品企业合作，实现做强做大的目标。

“真正稻香村”是清末创办的沈阳知名字号，经理为江苏吴县人谢自林。为了应对同业不当竞争，谢自林于1924年创立“双喜”商标，次年又申报“稻”字商标。新中国成立后，谢自林的“真正稻香村”参加了公私合营，被改名为沈阳市糖业糕点第三食品店；改革开放后，发展为沈阳稻香村食品厂，以专业经营自产名点为特色。进入21世纪，稻香村集团与沈阳副食集团合作，开始与沈阳稻香村食品厂合资经营。2016年，成立沈阳稻香村食品工业有限公司，由此走上了发展的快车道。

作为中国粮油集团旗下的食品企业，江苏张家港市福临门大家庭食品有限公司发展迅速。2007年，稻香村收购了张家港公司及其所属的60家西饼店，有效扩大了商业版图。

经过这几年公司架构的变化，可以看出稻香村的发展始终以市场为导向，让市场引领发展所需的各种行为。当企业全面适应市场时，就可以做到有序发展、高效发展和持续发展，并逐渐通过提高与市场的契合度摆脱发展的困境。

民营企业是野生的，要生存下来很辛苦，最终还要靠自己。但也正因为是野生的，一旦生存下来，不仅会具有顽强的生命力，还将形成强大的经营壁垒。

稻香村集团董事长周广军认为，每个行业最大的竞争壁垒都是规律，简单来说就是一种经验和生产的积累，“跟上行业趋势，本身就是在增加壁垒”。

3. 老字号企业不仅要依靠市场发展，还要在发展的过程中保持

企业的使命感

稻香村发展至今两个半世纪，是一代代传下来的，周广军这样解释稻香村使命感的由来："我们现在只是恰好服务于它，那就要去想怎么才能打造好它。其实做一个企业很难，方方面面都要顾及，只有使命感可以帮助你超越眼前的困难。"

正是这份坚守不弃的使命感，让稻香村不仅实现了与时俱进的快速发展，还实现了依靠市场并能改造市场的强势影响。这在稻香村取得的各项荣誉中就可见一斑：

2019年，稻香村集团被授予"中国改革开放40周年焙烤食品糖制品产业领军企业""中国焙烤食品糖制品行业（糕点）十强企业"称号。

如今的时代不一样了，稻香村因为经历了漫长的发展期，沉淀下了很多的故事和发展理念……作为这个时代可以代表中华文化的老字号品牌，其所有的经营表现都足以凸显中华文化和中国底气。

既要敢于竞争，也要善于竞争

近几年来，随着我国经济社会加速转型，各行业同质化竞争愈演愈烈，不同行业跨界竞争逐步升级。老字号在新时代参与竞争，传统与前卫碰撞，传承与先锋的竞争，更让未来充满变数。

在老字号不占优势的竞争中，如何做到逆境中保持强劲增长呢？稻香村集团董事长周广军对集团发展提出的要求是"做好传承、敢于担当、认清形势、创新管理"，只要做到这些，他相信"老字号会越来越好"。

2021年10月19日，由观潮新消费主办，浙江省老字号企业协会、北京老字号协会等联合主办的“2021国潮新消费大会”召开，针对老字号品牌发布多项权威榜单。其中，稻香村荣登“最潮老字号”榜单，以厚重的文化底蕴、独特的技艺传承和不息的创新力，获得行业认可。

当一家老字号贴上了“潮”的标签，却依然以“老”存在于消费者的内心，就足以说明这家老字号拥有了在历史洪流中守正出新的能力。这是对老字号最具深度的认可，更是对老字号继往世传承和开未来新章的肯定。

既然要做一家可以继往开来的超级品牌，掌舵人就必须敢于担当，承担时代赋予的重任，认清品牌前行道路上的各种艰难险阻，以化竞争为动力的心态，勇敢竞争，主动竞争。

在“国潮新消费大会”巅峰对话中，周广军规划了老字号企业的竞争策略，老字号的竞争优势是在长久的发展中积累了良好的口碑和声誉，竞争突破点是产品品质、服务质量等需要持续巩固和提高，竞争核心是把企业当成“当下的企业”，竞争原则是主动参与到市场化的竞争当中，以主动出击链接时代机遇。

一个品牌足够强大了，就必然会有“傍名牌者”出现。于是，玉田稻香村、佛山稻香村、济宁稻香村、深圳稻香村等一系列蹭热度的效仿者纷至沓来。作为正宗“稻香村”，能做的可不只有打假。虽然稻香村集团董事长周广军一年的工作中总有几十次打假，但他对各类“赝品”却保持了相对宽容的态度，因为这既是稻香村集团成功的体现，也是对企业无形的鞭策。周广军这样解释自己的宽容：“虽然目前商业环境还不太成熟，市场还存在各种各样的困难和障碍，但有一点可以肯定，那就是这些难啃的骨头，最终会成为我前进的推动力。”一席话，让人们清晰地看到谦谦之风中一个企业家的恢宏气度。

一个行业有足够的吸引力，就一定会引来更多的竞争者。于是，市场上不断涌现出诸如虎头局、墨茉点心局等新中式糕点品牌。“墨茉、虎头局等一大批新中式点心企业崛起后，老牌玩家受到的冲击大吗？”在面对《中国企业家》的采编人员提出的这个极具“冲击力”的问题时，周广军的回答颇为微妙：“‘冲击’这个词，我不知道怎么理解。但可以确定的是，他们对我们有很大的促进作用，可以让行业避免低水平的竞争。”将肉眼可见的冲击当成促进，只有不惧竞争者的舵手才具有如此的胸襟和气量。

敢于对竞争对手保持宽容，是强势企业才有的底气。作为企业的领路人，必须正确看待竞争，做到不惧竞争、敢于竞争、善于竞争，通过竞争获得自身的高质量发展。

创业的过程是辛苦的，发展的历程是艰辛的。在这一点上稻香村集团也不例外，一路走来遇到了太多的困难和瓶颈，高昂的人工成本、注册商标的纠纷、商业环境的不成熟……面对各种各样不期而至的危机，成功的企业家从不避讳，而是坦然面对。可以说，“面对”已经成为周广军的行为代名词，“面对困难，最好的办法就是面对”。直面危机是需要勇气的，但带领企业主动竞争就必须有勇气加持，他对企业家接受考验有着深刻的认知：“企业家接受考验是正常的，总一帆风顺是不正常的。上帝把你所有的门都关上时，必然会有一扇窗开着。而困境中的人当务之急，就是要找到并打开那扇‘窗’。”

周广军一直在做的，就是带领稻香村集团找到那扇“窗”。那扇“窗”在哪里呢？绝不在老路上，也不是原地转圈圈，而是在前行的路上。周广军向来反对老字号“借老求存”，“老”只代表过去的成绩，不代表未来的每一分每一秒。“因为社会在不断前进，各种传统会被不断颠覆，我们就好像在大海里航行的船，要学会顺势而为，而不是奢望什么岁月静好。”这就是稻香村领路人对于自身老资格的认知，顺应时代之势主动求新、求变，主动竞争，正确竞争，从竞争中求发展，用竞争赢得未来。

正因如此，相比其他老字号企业陷入“老资格”的误区并在其中打滚，或者依托“老字号”小心谨慎、步步为营，周广军带领的稻香村集团早已在时代竞争的风浪中找到了那扇光明之窗。打开这扇窗要求老字号“要敢于去掉旧的、不合时宜的东西，拥抱时代的变化，接受市场的竞争”。

周广军将“拥抱时代的变化”体现在企业经营上，于是稻香村集团实施了拥抱线上、出口海外、玩转直播、国潮跨界等一系列创新举措。

独具江南特色的稻香村糕点亮相了，“苏州园林”“红楼梦”“乾隆探店”“1773”等文化IP登上稻香村糕点，演绎老字号的国潮转变。

2020年8月7日，稻香村集团举办月饼开炉仪式，邀请几十位行业专家、新闻媒体记者共同见证，旗下八大工厂正式开启月饼生产，展示了月饼行业龙头企业的开放姿态和品牌自信。

受疫情影响，在用工、物流、原料等成本均有所上升的情况下，稻香村集团逆势而动，加大技术改进投入，提升自动化、智能化生产能力，“老企业”也有“新技术”是稻香村集团企业文化的重要一环。

持续增长实属不易。稻香村人在竞争中分析形势，在奔跑中找准目标。选择了用“竞争”化解“竞争”中的危机，用“发展”解决“发展”中遇到的问题。

竞争中要做到高线引领，即拉高标杆加强对发展的要求；竞争中还要做到底线坚守，始终强化市场份额的根基；竞争中更要做到层层传导，严把“守土尽责”的意识关。江流潮涌，不进则退，慢进也是退。只有盯住更远的目标，才能跑得更快！

新时代下，转型升级和保持竞争力成为老字号必然的战略选择。在接受新华网采访时，稻香村集团董事长周广军表示，稻香村集团内强筋骨、外扩规模，积极应对机遇与挑战……食品行业的规模进一步扩大，线上线下结合得更为紧密。企业的竞争也不仅仅是产品的竞争，更是整个供应链的竞争、品牌影响力的竞争。

多年以来，稻香村集团坚持高目标引领，高标准要求，高质量发展，发挥“老字号”的独有优势，咬定青山不放松，一张蓝图绘到底，将目标要求一以贯之并不断丰富，通过“敢打胜仗，能打胜仗，善打胜仗”的竞争力，努力将蓝图变为现实，将战略变为战果。

让我们牢记稻香村人的承诺：保障市场供给，保证产品质量，提高服务水平，保持价格稳定。这是稻香村集团作为民生企业的社会责任感。

“出海”：生意没有边界

国际品牌估值专家大卫·海格在一次中国之行中来到稻香村集团，品尝了玫瑰饼、山楂锅盔、牛舌饼、鲜花饼等糕点后，瞬间被征服，赞叹地说：“简直难以置信，怎么这么好吃，完全符合欧洲人的口味，我要把它们带回去，给家人和朋友们品尝。”但由于带得太多，被海关扣下。为了留下这些美食，大卫毫不犹豫地放弃了其他工艺品。

人类对美食的追求从原始社会到今天从未改变过，人们需要美食来满足欲望，也需要美食来体会生活的美好。大卫·海格因为难以再吃到稻香村的食品，只能忍痛舍弃工艺品。这是美食的威力，也是美食的“不幸”。因为如此美味，居然不能惠及所有人。

稻香村集团董事长周广军说：“在海外出差时，曾有人跟我提起，现在国外的所谓中式糕点大多不是出自知名的国内企业，而且这些糕点品牌在海外同行中的影响力也不大。稻香村应该走出去，让外国人看看最棒的、最纯粹的中国糕点应该是什么口味的。”

其实，这样的建议不是周广军第一次听到，正是因为这样的建议才成就了周广军与稻香村的因缘。2014年，周广军正式从中国焙烤食品糖制品工业协会卸任，随后来到苏州，全职加入稻香村集团。也是这一年，稻香村集团加速了“出海”战略的步伐，响应国家“一带一路”和“中国企业走出去”的倡议，将进军海外定位为集团重点战略。

实际上，早在2006年，稻香村集团已经开始进行海外市场调研，先后在60多个国家和地区进行了商标注册，为正式“出海”奠定了坚实的知识产权基础。2013年，稻香村集团正式成立海外事业部，研究各个国家的食品法规，组织专业团队积极拓展海外市场。

糕点作为中式传统食品，由于工艺、原料独特，在探索出口的过程中，难免遇到国外法规标准不同、原料限制、饮食习惯差异等诸多困难，每一样都足以将“出海”战略彻底击碎，但稻香村人本着“生意没有边界”的深刻理念，将显性的和隐性的困难逐一攻克。在这一进程中起到重要作用的有以下三点：

1. 充分研究各国法律法规及食品标准

研究是为了适应。稻香村集团根据当地的地方性法规调整产品配方，比如日本JAS（有机农业标准）、欧盟IFS（国际食品标准）等，在不失中国味道的前提下免除了潜在的法务问题。这本是“鱼和熊掌不可兼得”的情况，稻香村集团硬是依靠坚持“三同标准”做到了兼得，即在同一生产线、按相同的标准、达到相同的质量水平。

2. 了解海外市场的生活方式与消费者需求

了解是为了改进。稻香村集团用“尊重”链接当地市场，在尊重当地居民文化和生活习俗的基础上，进行产品的改良创新，努力实现产品的本土化。例如，澳大利亚人对果酱的口感十分喜爱，稻香村集团就针对这一点对“玫瑰鲜花饼”进行改良，黄油饼皮配上果酱口感的玫瑰鲜花馅料，恰好适应当地消费者的饮食习惯，产品一经推出就成为爆款。

3. 因地制宜选用最好的食材

选择是为了提高。稻香村集团对于优质食材的选择几乎到了“痴迷”的程度，只要发现比当下使用的食材更为优质的食材，不惜提高生产成本也一定会选用，对这一点，无论是不是“出海”产品全都适用。例如，土耳其的坚果品质更好，于是坚果类产品就从土耳其采购原料。

“稻香村”既是民族的，也是世界的，稻香村集团为我国民族品牌走向世界发挥着积极的作用。

得益于多年国内门店和电商的发展经验，稻香村集团在境外通过开拓跨境门店、跨境商超、跨境电商等线下线上的渠道，延展消费市场，加快建构全面贯通的销售格局，不断在海外市场取得新的突破，产品已经出口到以德国、法国、美国、加拿大、新西兰、澳大利亚等发达国家为主的40多个国家及地区。

周广军曾说：“要借‘一带一路’把中国传统美食带外海外。”稻香村集团因在海外的蓬勃发展，荣获人民日报社颁发的“2018一带一路建设案例”奖。

美国华源食品集团（OCM）在全美的销售网络覆盖近千家超市、便利店和线上网点，是稻香村集团在美国首批合作的海外代理商之一。从稻香村酥皮点心到多品类糕点及休闲食品，从月饼到年节礼盒，双方合作的品类在不断增多。针对海外消费者的需求，双方还合作研发了符合美国消费口味的升级产品，并通过终端渠道进行销售。

美国大中华超市内消费者驻足稻香村柜台

美国华源食品集团负责人王刚这样评价稻香村集团董事长周广军："周总是一位技术派和实干家，对中式糕点拥有极高的热情，同时具有现代化、国际化管理思维，他推动了稻香村品牌的国际化发展。"

无论从老字号新旧对比、产品与市场导向、科技与人文导向，还是从利润与价值导向等各个方面分析稻香村集团的出海发展战略，都必须肯定稻香村的发展成果。

"稻香村出海"不仅唤醒了海外华侨、华人对于中国味道的思念，更给世界人民带来了中国传统美食的本真体验，使他们逐渐了解中国及中国文化，带动了中外文化的交流。

2019年4月，稻香村集团开始接受来自海外的月饼订单，将月饼这一饱含中华文化内涵与特征的产品打入国外市场。同年，又成为中国仅有的几家出口粽子的食品企业之一，并实现了对澳大利亚冻品汤圆的出口。稻香村集团在海外的影响力进一步扩大，为复兴中式糕点、传播中国文化做出了不可磨灭的贡献。这一年春节期间，稻香村集团的广告登上了美国纽约时代广场。

2020年中秋，稻香村集团参与北京广播电视台举办的"凝聚思念的中国味道"多平台直播活动，以实际行动助力中国传统文化向外传播。周广军说："稻香村肩负着复兴民族品牌、传播中国文化的使命和责任，将充分发挥品牌优势，以美食为媒介，讲好中国故事，逐步开拓国外市场。"

新冠疫情爆发后，海外商超受很大影响。同时，海运费用暴涨和集装箱紧缺，成为突出的国际贸易障碍。在这样的困难时期，稻香村集团展现出强大的发展韧性和潜力，仍然保持了正常到货。对于近乎绝境中的坚守，稻香村集团董事长周广军将其概括为"注重出海产品的品质”和“保证交货期”，甚至还对渠道商有让利优惠，这使得当年稻香村集团在海外的销售额比2019年增加了约60%。

“深化供给侧结构性改革，充分发挥我国超大规模市场优势和内需潜力，构建国内国际双循环相互促进的新发展格局”，在这一政策引导下，稻香村集团将用创新的理念、及时准确的网络大数据及食品工业科技前沿成果对海外市场进行细分，让源于苏州的稻香村糕点飘香世界，让中式糕点成为世界流行的糕点美食，让中华糕点美食文化成为传播中华传统文化的使者！

第5章　创新基因｜主动创建“学习型”企业

让年轻人爱上稻香村

老字号不仅是公认的质量的同义词，更被视为传统文化的重要载体。像稻香村这样的老字号，陪伴了数代人的成长，给人们留下了难以磨灭的记忆。对于很多中国人来说，老字号是熟悉的，但同时也是陌生的，因为在互联网时代，传统文化消费总体上呈现衰势，如果老字号不能与时俱进，不能主动转型，不能勇敢探索，就不能与年轻消费者产生互动。

稻香村很早就窥见了新时代与老字号间的鸿沟，同时也找到了老字号切入新时代的两个基点，即主动拥抱新时代和主动迎合年轻消费者。

主动拥抱新时代体现在传统与现代相结合的创意上。早在2007年春节前，稻香村就涉足年礼市场，推出苏式年味传情礼盒产品。这是稻香村在全国推出的第一款“新传统、新文化”系列产品，使用了苏式传统提盒的包装造型，八角玲珑的外观、喜庆的中国红，配以苏州桃花坞年画主题，既有深厚的江南吴地历史文化元素，又具有浓郁的中国年的味道。三层提盒内装有精选的年糕鲤鱼、沙核桃、丁果糖、芝麻片、酥糖、麻饼等传统苏式年味小吃，并对小吃的口味进行了现代优化改良。这是稻香村结合自身特色及苏州文化开发的IP系列产品，受到了更多年轻消费者的欢迎。

主动拥抱新时代还体现在顺应当前的消费需求上。中式糕点的制作离不开油和糖，在传统制作过程中，油和糖的比重决定了糕点的成色。但在现代饮食文化中，糖分和油腻成了不健康的代名词，消费者更加关注健康和绿色，“低糖、低脂、低油”成为产品赢得现代消费者的重要因素。

稻香村集团董事长周广军说：“减少糕点中的油脂及糖含量，一直是稻香村和一些大专院校、科研院所联合攻关的课题。”站在关注消费者健康的角度，稻香村积极改良中式糕点，逐年降低糕点成分中的糖度、油度。例如，苏式月饼是苏式糕点的精粹，其制作技艺被列入非物质文化遗产。周广军这样理解“非遗”传承：“稻香村作为中国糕点行业的领军企业，自觉承担起传承传统技艺、复兴中式糕点的责任，尤其是要让产品和年轻消费者产生共鸣，让‘非遗’糕点主动跳进年轻人的购物车里。”

稻香村不死守传统，而是结合时代需要，主动创新糕点原料和口味，先后推出了膳食纤维月饼、低糖月饼、无蔗糖月饼、含橄榄油月饼等，丰富了月饼品类的同时，也满足了消费者的需求。之后又相继推出糖醇类糕点和黑金酥、黑金月饼等低糖、低脂产品，都引爆市场。2021年稻香村糖醇黑芝麻月饼被中国焙烤食品糖制品工业协会评为“中国特色月饼”。

老字号在保持自身“本真”风格的基础上，将传承与创新很好地结合在一起，才能保持“青春”，长久立足。作为老字号不能一直标榜自己的“老”，而是要吸收新的东西，引领或因顺应当下的消费趋势。“提供人们喜欢的、甚至是超出期望的产品，传递文化内涵，不辜负消费者的信任与期望，才是老字号立足当下的基础。”这是周广军对稻香村集团的未来定下的基调。

因此，稻香村从产品理念、设计包装等方面入手，主动迎合新时代，同时也和众多国内外知名品牌跨界合作，拓宽网络销售渠道，利用新媒体平台和粉丝互动，主动迎合年轻消费者。比如，稻香村集团与国家博物馆合作，推出“书画珍品系列”糕点礼盒，赋予稻香村品牌更多文化内涵。

进入21世纪第三个十年后，稻香村集团在年轻化品牌策略上加速前行，持续提升稻香村在年轻消费群体中的影响力和竞争力。

稻香村与康师傅、皇冠曲奇、乐乐茶等品牌跨界合作，推出中秋联名礼盒，将月饼与饮食、茶饮等生活场景深度融合，精准切入年轻人群；稻香村还与元气森林、妙可蓝多、《和平精英》等新潮品牌合作，不断带来新品新创意，激发了年轻人的“分享欲”，成功拉近了与年轻受众的距离。

由稻香村开启的老字号“国潮”体验，进一步加强了老字号和消费者的沟通和情感联系，丰富了消费者对老字号品牌的认知，延伸了品牌生命力。

自稻香村国潮体验店先后在苏州观前街和太仓营业后，“国潮”风格吸引了大批年轻消费者来打卡。店铺上架了稻香村全系列产品，包括散点、常规品以及南北炒货，并设有现烤区、冰果局、礼物造办处等分区，向消费者持续传递老字号稻香村的崭新品牌形象。太仓店配备了西点冷柜，还设立了水吧，为消费者送上全面综合的美食服务体验。“国潮”体验让更多年轻消费者体验到稻香村产品及其代表的糕点文化，将传统的中式糕点文化进一步根植进年轻消费圈层。

稻香村作为老字号却频频出圈，老字号IP被重新激活，也让消费者们，尤其是那些正在成为市场主力的年轻消费者，看到了国货品牌更多的可能性。

的确，稻香村集团在创造可能性上，永远有无限的可能。在疫情背景下，在其他企业一筹莫展之际，稻香村集团预计到了“宅经济”必将爆发，速冻产品的需求将激增，便主动迎合这一趋势，进行场景拓展，开发休闲食品。稻香村推出了“蛋极”蛋糕、螺蛳粉、爆浆麻薯、辣食等休闲零食，并在主流平台与头部主播合作带货，与其他知名品牌IP合作推出跨界联名产品。为深度吸引年轻人，稻香村还在新品的基础上加入二次元包装元素，搭配以软萌可爱的表情包，潮气十足。

董事长周广军说：“为了开拓年轻人的市场，我们的团队曾守在地铁口发放广告，宣传我们的网络销售平台。起初，对这种宣传方式，我还挺不好意思，但为了吸引年轻群体，我们还是不停地去尝试。”

通过上述介绍可以看出，稻香村集团近年来在品牌年轻化转型方面不断突破，通过创新产品、跨界合作、电商直播等多种方式拉近老字号与年轻人的距离，赋予“稻香村”这个超级IP新的意义。

互联网时代，电商平台天然地与年轻人有更多的契合，80后、90后、00后已经成为主流消费人群，这意味着为传统文化消费打开了“遇见年轻人”的大门。这种打开，带给老字号的不只是销售渠道的畅通，更是整个经营理念的提升。换言之，要让年轻人爱上老字号，就要让老字号的产品符合年轻人的精神需求和生活方式。稻香村集团就在这种传统与现代的碰撞中，逐渐成为中华老字号企业中的“国潮”标杆。

老字号唯有创新才能重生

老字号本身就是一块“金字招牌”，经历过时间沉淀的它们，已经拥有了一套足够成熟的品牌叙事风格。而且，老字号拥有久经考验才得以传承下来的工艺技巧。大部分老字号退出了历史舞台，并非输在产品质量上，而是输在缺少转型革新的勇气。

稻香村集团董事长周广军作为老字号企业的领路人，对于老字号应如何获得重生具有发言权，他说：“企业要通过创新去适应市场，尤其是稻香村这样的中华老字号。事实上，创新一直是稻香村得以传承至今的生存法宝。”

稻香村虽然是老字号，却也是新时代的企业，不仅要坚守两个半世纪沉淀下来的核心理念，如工匠精神、尊重消费者、注重品质等，也要不断适应时代的需求。只有融入时代的大潮，主动变革，才能经久不衰。

老字号这艘船，不一定大，但一定很沉，船重并不容易掉头，如果操作不当，就会造成盲目创新、过度创新、为了创新而创新，会透支老字号企业的品牌价值和市场空间。在周广军看来，真正的创新不是某一发展阶段的“兴奋剂”，而是老字号企业可持续发展的“催化剂”。老字号一定要转变观念，通过管理与运营创新、理念与品牌创新、技术与产品创新，积极拥抱市场变化，综合发力，以求在现代经济的激烈竞争中生存和发展。

老字号要做哪些方面的创新呢?

1. 管理与运营创新：文化压阵，创新优先，老字号成为弄潮儿

稻香村集团主动适应时代和市场的变化需求，在现代企业经营的理念下，革新运营模式，无论是市场覆盖还是经营规模，在不触动老字号文化的基础上实现深度创新。

2009年，稻香村集团顺应互联网经济发展趋势，正式启动“稻香村+互联网”战略，成为第一批探索电子商务领域的老字号企业。

稻香村集团用实际行动和辉煌业绩诠释了“老字号，新国潮”。周广军表示，国潮的兴起体现的是国人对中国文化的自信及爱国情感的觉醒，背后反映出的是消费者对于新潮时尚、高性价比的中国产品的旺盛需求，这是中华老字号能够重生的根基。

稻香村，这个“持续创新两个半世纪的弄潮儿”，自创立以来积淀的文化底蕴，自融入时代潮流后的创新发展，都在为中式糕点的复兴贡献力量。回望稻香村的一路征程，周广军说：“我们认为弄潮儿应该心中有火、眼里有光、背后有汗。”

2. 理念与品牌创新：消费者优先，紧跟消费需求的变化

老字号要有使命感，稻香村集团作为行业龙头企业，要有行业的责任与担当，一如稻香村集团董事长周广军所说：“积极开发和使用新的技术、新的经营模式来适应企业的发展、时代的发展，要勇于去除旧的不合时宜的，传承创新。”只有将理念与品牌的创新做到位，才能适应当代人消费模式与消费行为的变化。

稻香村集团对月饼的改良，总是被看作技术的改良或口味的革新，但实质上是对经营理念和品牌打造的创新。

传统月饼因为“高油高糖”，所以口感上又甜又腻。消费者逐渐产生了对低糖月饼的需求，而市面上多数糖醇月饼、无蔗糖月饼

只是简单地用糖醇代替蔗糖，不仅总糖含量及甜度均没有根本性降低，更达不到“小于5%”的真正低糖标准。

2021年，稻香村旗下健康烘焙品牌福吉佳的低糖月饼大胆融入独创的低碳水魔芋糕点配方技术，去除一切不必要的添加，更低的糖分，更多的安心，打破了人们对于月饼“不健康”的偏见。

3. 模式与营销创新：借助新方式，传递老文化

稻香村作为一家传承了两个半世纪的中华老字号，不但传承了传统的制作技艺，还适应新时代的发展和消费者的新需求，不断百变求新。

用月饼礼盒玩游戏是一种怎样的体验？稻香村“月满下江南”主题创意礼盒，以大富翁游戏棋的方式，生动再现了清朝乾隆皇帝六下江南的趣闻轶事，同时将中国传统文化、苏州中秋民俗和风物，以及稻香村的品牌历史等内容，作为创造元素一并融入游戏地图和卡牌之中。礼盒整体采用台桌结构，模拟了游戏案桌的形式，增加了游玩的仪式感。为了提升消费者对于游戏的感受度，稻香村还别出心裁地设计了乾隆下江南的角色冰箱贴——即游戏中的棋子可以贴在冰箱上再度使用。

4. 技术与产品创新：以市场、消费者的需求为导向，及时创新和改进产品

食品企业新技术、新产品的研发能力是打造核心竞争力的基础，稻香村集团近年来在研发上持续加大投入，在苏州、北京、山东设有三个研发中心，进行不同产品和应用技术的研发。同时，苏州还有一个稻香村非遗传承中心，目的是在新的时代把老的技艺所体现出的工匠精神传承下去。

稻香村集团以创新引领、科技赋能，每年在研发上的投入保

持20%的稳定增长。稻香村集团还依托江南大学、国家食品科研和质量监督检验部门的强大技术能力，联合成立“中国糕点食品技术研发中心”“福临门联合烘焙研究所”“苏州工业园区稻香村博士后孵化站”等产学研合作平台，紧跟国际最新食品科技进行自主创新和产品改良，重点致力于焙烤、冷冻、面团发酵过程的关键技术优化，以“中国传统食品工业化加工关键技术”为主突破口进行集成创新，并与多家国内外大专院校、科研机构联合攻关技术课题，打造与提升“稻香村”精品品牌形象，引领行业技术跨越式发展。

具体来说，稻香村集团技术与产品创新共有五个方向：

1. 全新产品。是其同类产品的第一款，并创造了全新的市场

稻香村中秋礼盒中的苏式玫瑰月饼尤为有名，其玫瑰馅料根据自家秘方自主研发调制而成，玫瑰花来自素有“牡丹之乡”的菏泽，经人工种植和采摘，更好地留存鲜花的新鲜度与自然香气，制成月饼后可以闻到浓郁的玫瑰花香，入口甜而不腻。

在产品创新上，采用新原料、新工艺创新口味，推出了“流心奶黄”系列月饼、“黑金”月饼等。“流心奶黄”系列月饼，使用燕窝、黑松露等原料，主打高端品质；“黑金”月饼，选用黑小米、黑小麦、黑玉米、黑芝麻、黑香米组成的复合粉为原料，主打营养健康，让消费者不仅吃出花样，更吃出健康。

2. 新产品线。对市场来说并不新鲜，但对于厂家却是新的

不断丰富产品线，扩充品类，布局休闲食品如干果、炒货等，满足消费者的多元需求。2020年，稻香村集团引进国际先进设备，研发“蛋极”系列新品蛋糕，丰富了现有产品线。2021年11月，稻香村集团沈阳公司速冻年品展销会成功举办，为推出速冻产品做好

了铺垫。

稻香村集团与其他知名品牌跨界合作，推出中秋联名礼盒，炭烧咖啡、金骏眉红茶、红烧牛肉等“潮”味十足的月饼，获得了消费者文化和审美层面的双重认同。

3. 已有产品品种的补充。属于已有产品系列的一部分，但对市场来说是新产品

如果你不太喜欢传统的月饼口味，稻香村冰皮月饼礼盒保证能让你眼前一亮。该款礼盒有三种新潮口味：榴莲冰皮、提拉米苏冰皮和白桃冰皮。采用了极速冷冻技术，且使用铁盒包装，加厚保温袋保证产品口感，品尝时口感依然软糯，入口即化。

4. 老产品的改进型。是老产品品种的替代，但与老产品相比在品质上有所改进

稻香村不断融汇各地糕点帮式的特色，从口感、工艺、包装设计等方面改进产品，不断适应消费趋势的变化。

例如，为桃酥引入辅酶，使口感更酥松，入口即化无残渣；将鲜肉月饼的保质期提升至4天；成功突破云片糕等大量传统糕点的机械化生产难题。

一款名为“苏气”的月饼礼盒，外包装淡雅清新，如它名字一般“苏里苏气”。内置四种苏式月饼，以九宫格样式纳入礼盒内，堪称礼中贵族。

5. 老产品价值赋能。挖掘老产品在新领域的应用，比如在一个新市场或在一个不同的领域，重新赋予产品新的生命力

为满足不同区域消费者的需求，苏州、张家港、沈阳、山东、成都各公司都有结合当地特色口味的产品。如苏州园林饼、六代把作系列、蟹黄叶子酥等苏帮特色产品；以东北风味水饺主

打的东北特色产品；青稞饼、辣食等符合西南市场的特色口味产品。

拥有两个半世纪历史的稻香村，是中国糕点行业现存历史最悠久的企业之一，如今这家老字号已经转型成为一家大型现代化食品企业集团。实现这一巨变背后的灵魂人物，正是周广军。

周广军对新时代下的新趋势有着敏锐嗅觉。关于创新对于老字号的意义，周广军说："相比创新，原先的老字号企业想得更多的是守业。但光守是守不住的，消费者的购物习惯在变化，消费品牌的集中度越来越高，企业也必须跟上时代的步伐。否则，就像大浪淘沙，不进则退。"

从季节品转战休闲品

稻香村集团的主打产品是季节品，其中以月饼销量为冠，且月饼销量已经做到了行业老大，有的年份占稻香村总销量的一半。但是，人们的消费习惯随着时代的变迁发生了变化，焙烤食品从过去的季节性甚至节日性逐渐主食化和休闲化，稻香村认识到了行业发展的趋势，在加快建设与完善电子商务和信息化的同时，根据焙烤行业的整体发展趋势，对产品战略和产品结构进行了重大调整。

当然，这种调整是渐进式的，从原先的季节品为主要发展方向，到季节品与休闲品双向并重，中间经历了一系列筹备和实施。调整之前的销量集中在季节品，以中秋节和春节为主。调整之后打破了这种局限性，消费者在日常生活中也能买到传统节令性的稻香村糕点，增加了消费频次。

虽然已经重点布局休闲品，但并不意味着传统季节品就不重要了，而是“两手抓，两手都要硬”，在保证顺利打开休闲品市场的情况下，还要保障季节品的市场不被抢占。在这个过程中，稻香村的老字号品牌价值起到了关键作用。广大中国消费者在内心深处是承认这些老字号的，毕竟这其中连续着文化的根脉，更关键的是这些活下来且活得好的老字号（如稻香村）始终坚持品质第一，让消费者买得放心，吃得安心。

这种放心和安心体现在购销过程的方方面面。例如，稻香村与国内头部网红合作时，就非常省心，对方一看是老牌子、老字号，都愿意合作。

休闲品不是时令品，核心就在于能随时买到。在其他同类产品只是简单地将“休闲”与“随时”结合时，稻香村集团将“随时”升级，不仅要随时能买到现成的，还要随时能买到现做的。其实，这种现做现销是中国糕点的传统，只是在现代比较难以见到，稻香村集团重拾老方法，将休闲钉进时间的缝隙里。

此外，休闲还要与“随口”结合，就是能让消费者随口就吃，无须顾及健康问题。对此，稻香村集团在生产环节已经为消费者把好了健康关。例如，稻香村低糖系列产品，好吃又有新意。下面简单介绍几种，相信通过文字你就能感受到来自稻香村的诱惑。

1. 低糖玫瑰青稞流心桃山饼：玫红色玫瑰造型，切开后香味不是很重，入口的味道比较偏重玫瑰，却不很甜腻，口感柔润。

2. 低糖桂花酒酿流心桃山饼：外观小巧而精致，桂花酒酿流心馅，口感软糯，醇厚浓郁，芳香中带有一丝甜意，使人久闻不厌。

3. 低糖青柠百香果奇亚籽流心桃山饼：造型如一朵绿色小花，

浓浓的青柠香，夹杂着淡淡的百香果味。口感清新，回味淡甜。

4. 低糖南瓜桃山饼：这是最传统的口味，却并不因为低糖而让口感失色，嚼一口就会知道，南瓜味很香，香甜软糯。

低糖系列皮馅均采用赤藓糖醇等糖醇类来代替蔗糖，在不影响口感的前提下大大降低了蔗糖含量。桃山皮主料采用白芸豆，白芸豆富含α-淀粉酶抑制剂，能有效阻断淀粉分解，减少热量摄入。桃山皮口感清香细腻，不甜不腻，既提高了膳食纤维的含量，又能包裹甜味因子，有效降低甜度。这些低糖系列月饼含糖量均低于5%，是真正的低糖低甜月饼。

产品有了，产能也要跟上。起初，稻香村集团北京工厂只有桃酥和月饼两条生产线，后来新建厂房，扩大产能，增加至十条生产线，产品从传统糕点增加到了蛋糕和西式糕点，产品结构逐渐丰富。其中，拿破仑蛋糕已经从小众糕点成为主流的休闲食品之一。

稻香村集团在山东金乡建有生产基地，新增了油炸休闲板块，生产出来的油炸产品，如油炸麻薯类，基本都是休闲品。

除了主打季节品和休闲品外，稻香村集团还利用老字号品牌，开发熟食系列产品，年产肉制品4000吨，主要生产、研发酱烤鸭翅根、鸭脖、盐焗味鸭小腿、鸭翅、盐焗鸡翅鸡腿、卤鸡爪等健康休闲产品。这个系列的产品生产采用分级处理、潮式卤味配方改良、真空呼吸式腌制、高效滚揉按摩、低温高压密卤、烘烤增香烹饪、分类高温杀菌等先进技术。产品体验比同行业的产品更加美味、更加安全，微生物卫生更加安全有保证，非常符合现代人消费习惯。为了能让生鲜产品更快更好地送抵消费者手中，稻香村集团在物流方面坚持走大渠道，获得了消费者的认可。

稻香村集团对于海外产品的结构调整也在有序进行，运营季节品和休闲品的同时，海外产品生产需要遵守当地的法律和习俗，例如一些国家不让用猪油，稻香村集团就采用其他油脂单独生产，只在外包装保持统一。

轻松玩转跨界和上新

让年轻人喜欢上传统食品，一直是传统企业想要突破的难点。困难的焦点集中在如何让年轻用户知道传统产品，然后主动体验传统产品，最终认同传统产品。为此，稻香村集团在营销层面做了很多调整和尝试，逐渐摸索出跨界联名和品牌联动的“组合拳”。

稻香村集团能摸索出顺应时代发展的新路并不容易，因为其产品结构决定了它的营销方式有一定的局限性，传播链条（企业→多级经销商→消费者）比较长，整体变革有难度。但是，熟悉稻香村或者熟悉周广军的人，都知道稻香村能顺应潮流。

2016年初，因为《功夫熊猫3》的上映，国内掀起了一股“功夫熊猫”热。阿里巴巴邀请了包括稻香村在内的多家老字号企业与《功夫熊猫3》合作，并给予资源和流量上的支持。

有了这一次成功的跨界联名后，更多的企业看到了知名老字号品牌的流量带动力，因而主动找上门来，稻香村也从中看到了发挥和深耕品牌影响力的机遇，主动寻找有潜力的品牌IP合作。

在转型和创新的路上，稻香村集团的步子也不敢迈得太大。毕竟老字号企业有其使命和责任。如何在履行使命和责任的同时，让自己跟上时代，是包括稻香村在内的老字号们需要一直研究的课题。

此后，稻香村集团不断调整品牌战略，始终牢记百年老字号对于文化传播的责任与担当，并不断践行这一点，终于取得一定的成绩。

稻香村与《功夫熊猫》联名礼盒

2020年传统佳节——春节前夕，稻香村集团与《王者荣耀》出品方掀起了一阵老字号与潮流娱乐的联名跨界风，推出“荣耀稻香”2020新春订制礼盒。

“荣耀稻香”礼盒

礼盒采用红色包装，加上烫金和双重浮雕设计，外包装加入了走马灯元素和《王者荣耀》中大热的英雄形象：后羿、诸葛亮、大乔、李白、花木兰。这样的设计既令《王者荣耀》的忠实用户惊叹，也给不熟悉手游的消费者带去美感。

点燃走马灯的内置蜡烛后，热量可使走马灯旋转，印在走马灯上的五位人气英雄形象在黑夜里熠熠生辉。当然，稻香村没有忘记自己的老本行，充满创意的包装里配制了金丝酥饼、绿豆冰糕、蜜瓜酥等8款经典产品。

糕点的设计延续了稻香村一直以来的匠心精神，保持传统糕点美味口感的同时，在造型上别出心裁，加入了《王者荣耀》中英雄技能元素和台词。

礼盒设计新颖大胆，兼具国风元素与新春氛围。中式糕点混搭国风游戏元素，除了创新以外，还多了一份“复兴传统中国味”的意境。

通过以上对此次跨界的详细介绍，足以看出“荣耀稻香”礼盒无论是外观设计还是内置糕点，都用足了心思，一亮相就获得了满堂彩，不仅成功征服了“王者”迷们的味蕾，还让年轻人争相抢购珍藏。

“能用众力，则无敌于天下矣；能用众智，则无畏于圣人矣。”当今企业发展，必须做到巧妙地借力、有效形成合力。合作代表着互信，是双方企业立足于品牌认可的前提下，以各自的资源优势相互结合，带动双方客户群体的流动，不仅扩大了市场影响力，也实现在营销成本最小化的前提下的利益最大化。

稻香村从不局限于“老字号”的金字招牌，而是积极探索更多年轻化营销打法，在与其他品牌的合作中，坚持匠心传承和创新焕“新颜”，在满足大众新型消费需求的同时强化自身竞争力：

2019年中秋节，稻香村依托AR黑科技携手支付宝开启了“扫月亮”活动，用古典浪漫的活动手法送出近100万份礼盒。

2020年中秋节，稻香村与“国民泡面”康师傅联名，创新推出经典红烧牛肉味月饼，稻香村月饼制作技艺与康师傅醇香牛肉面的经典碰撞，满足消费者的味蕾需求。

2021年中秋节，稻香村与杏花楼联名将“竞品”变“盟品”，对传统中式糕点品牌的良性竞争起到积极作用。对于此次非跨界联名，稻香村集团董事长周广军说：“两家企业之间相互认同，超越竞争关系，为弘扬传统文化做出努力，这是一件非常有意义的事。”

2022年中秋节，稻香村携手国风游戏梦幻西游联合推出“稻香村×梦幻西游”月饼礼盒，将灵动的游戏元素融入稻香村匠心美食，让消费者共鉴传统中式美食与国风游戏的融合魅力。

对于传统老字号来说，文化坚守与创新营销同样重要，稻香村的跨界，不是单纯地为了圈流量和盈利，而是对“复兴传统中国味”的坚守。这种坚守不是脑洞大开盲目创新，也不是唯娱乐化从而丢失文化核心，而是建立在对产品品质和传统文化的尊重之上。因此，稻香村的跨界联名总是围绕国风元素展开，不但实现了“高文化附加值+高创意附加值”的强强联合，而且为中式糕点文化复兴再添新力。

当然，稻香村的跨界绝不止在中秋节。只要是能够取得较大社会效益、收获众多粉丝喜爱和让老字号焕发青春活力的联名，稻香村都积极参加。跨界营销已经是稻香村不可或缺的“利器”。

例如，稻香村与Hello Kitty联名推出系列产品。“我们之所以和Hello Kitty等国外品牌合作，也是希望在构建消费场景、搭台唱戏的同时借台表演，通过这些有世界影响力的品牌延展消费市场，让中国味道飘香海外。”周广军说。老字号稻香村，已然成为传统文化的国际传播者，真正让中华美食香飘世界。

为了让跨界营销达到最佳效果，稻香村集团还经常展开联名相连或联名叠加，即连续进行多次跨界营销或者同一时间内举行多场跨界联名活动。

例如，在2021年中秋节前夕，稻香村与妙可蓝多联合发布了7种口味的月饼礼盒。月饼礼盒的包装除了植入双方的品牌LOGO，还采用了月兔、中式传统打扮的小姑娘、荷叶等兼具童趣与国风的元素。稻香村在营销玩法上不断创新，其大胆出圈的举措常常让消费者惊叹不已。为了更好地吸引流量，在礼盒上市之前双方还在抖音平台举办了新品上市发布会，这在双方的粉丝中收到了很好的热度反馈。稻香村携手妙可蓝多，引导粉丝用自己喜欢的方式将中国的传统文化和美食文化传承下去。

可以负责任地说，稻香村的每一次跨界合作都会带来满满的惊喜，收获满堂的喝彩。作为月饼行业的龙头企业、苏式月饼制作技艺的传承代表，稻香村已经与100多个企业和IP推出联名和定制产品，在传承百年糕点工艺的基础上，不断推陈出新，持续刷新消费者对稻香村的品牌认知。

百年老店也能引领时代风潮

今天不创新，明天就落后；明天不创新，后天就淘汰。稻香村集团深知，如果不能跟上时代发展的步伐，如果不能引领时代风潮，老字号轰然倒下是分分钟的事情。稻香村人主动学习，也善于学习，他们努力接受新鲜事物，积极主动尝鲜，因此始终快人一步，站在了行业发展的潮头。

随着电商的兴起，直播带货迅速升温，有力地促进了商品销售。主播在直播间与观众互动，通过富有感染力的演说，推介有卖点的商品，可以帮助消费者提升购物体验，为那些质量有保证、服务有保障的产品打开销路。

2020年，电商直播成为新的风口，众多商家为了抢占流量纷纷行动起来。嗅觉灵敏的稻香村集团看到了市场趋势背后的巨大红利，积极拥抱这一变化。

作为稻香村的线上主播，梁雪每天按时打开直播补光灯，摆好准备推介的糕点，然后正式开始一天的工作。在直播间里，梁雪会热情地把稻香村最新、最畅销的糕点产品展示给大家，笑容甜美的样子很有亲和力。到了中秋节这一销售旺季，一个店铺每天直播的销售额可以近五十万元。这份工作虽然很辛苦，但是梁雪认为很值得。

从与头部主播合作带货到自建直播团队，后来又开发微信小程序商城、尝试社群营销，一系列动作下来，稻香村集团在线上营销方面玩出了花样，极大地提升了销量。

在带领稻香村集团快速发展的过程中，董事长周广军深知让老字号焕发生机与活力的重要意义，背负着这个艰巨使命，他始终紧跟时代趋势，积极拥抱变化，展示出了可贵的创新精神。周广军说："现在我们的老字号在讲述品牌故事时，往往是讲过去多一些，但老字号的品牌价值恰恰在于对时代风潮的引领。"

毫无疑问，年轻人永远是历史舞台上的主角。在市场经济条件下，谁能抓住年轻人这个消费群体，谁就能引领时代潮流，成为真正的赢家。为此，周广军主动融入年轻消费层，先后在几个有影响力的社交平台现身。这些社交平台是90后年轻消费群体的聚集地，他们把时间和精力花在这里，周广军自然不能忽视其影响力。

稻香村集团董事长周广军在平台上畅所欲言，向充满活力的年轻人讲述中华老字号的历史，分享中国传统节日文化，结果吸引了大批粉丝围观。"月饼太销魂！""周总讲得真棒！""原来稻香村红了200多年了"……看到这些积极的反馈与互动，周广军心里乐开了花——原来他还能与年轻人对话，他并未真正老去。更重要的是，许多网友因此被周广军圈粉，这无疑为稻香村糕点拉来许多顾客，进一步扩大了其影响力。

一项研究表明：只有4%的公司真正在规模上有所扩大，大部分公司仍停留在小规模上。这一问题的根源在于，领导层及公司团队缺乏创新的思维和意识，不善于在市场竞争中学习和进步。那些成功的企业能够持续发展壮大，得益于他们对创新的领悟和把握。

2021年5月8日晚，“沪苏同城购，百名网红探”活动在上海南丰城举行。当时，现场召集了100多名网红达人，其影响遍及抖音、微博、搜狐等各大新媒体平台。在整场活动中，网红达人纷纷开启直播，让身在异地的网友如身临其境，感受稻香村文化的魅力。直播间内，网友反响热烈，开播仅30分钟就聚集了近7万人在线观看。接着，各式稻香村经典糕点轮番上场，让大家感受到浓浓的苏州美食风情。

此外，达人们还声情并茂地介绍各类苏式糕点的历史由来、制作工艺及口味特点，让各地网友真切地感受到了稻香村深厚的文化底蕴和传承功力。

随后，达人们在活动现场进行了打卡探店、老字号直播带货以及一系列快闪式表演等活动，吸引了众多市民及游客驻足观看。在热闹浓烈的氛围中，无论是现场人群还是直播间里的各地网友，都沉浸在稻香村糕点的美妙中。

很难想象，一家老字号企业能够在新媒体勃兴的时代掀起一股风潮，把众人的注意力聚焦到一处，激活年轻消费群体的购买动力。当许多百年老店还在感叹这个世界变化太快，抱怨年轻人无法理解老品牌的独特魅力，等待慧眼识珠的消费者主动上门时，稻香村已经积极行动起来，用创新为老字号赋能，用创意吸引新消费者入场。

近年来，稻香村在创新服务、开发新客户等方面不遗余力，完成了一系列超出大部分老字号企业认知范围的大动作。稻香村糕点无疑是经典美食，其对品质的极致追求，对民族品牌内涵的珍视，对国家和社会责任的承诺，世人有目共睹。令人称叹的地方在于，稻香村集团没有因循守旧、故步自封、妄自菲薄，它积极主动地应时而变，因需求而变，勇于创新，采用贴近消费者的传播方式讲好中国故事，真正做到了“守得住经典，当得了网红”。

在这个浮躁的年代，稻香村人始终保持着难得的清醒和冷静，他们看到数字化时代已经来临，生活场景发生了巨大变化，因此必须学习时下先进的生活方式，才能从生产到营销全方位满足消费者的需求，从而在经营心态和思维上真正做到与时俱进。

这提醒了那些迷茫和彷徨的老字号企业，或许这些老字号企业没有大公司的资金实力，也难以形成可观的规模效应，但是只要整个团队确立“创新至上”的经营理念，把创新渗透到骨子里，并在工作中孜孜以求，公司就可以进入以创意为支点的商业模式中，通过提高创造力完成自我超越和重生。

第6章　团队赋能｜带领员工与企业共同成长

儒商文化带出一支“铁军”

《世说新语》中有一则“谢安教子”的故事。东晋时期，谢安的夫人总是亲自教育子女，但从来没有看见谢安给孩子讲解做人的道理，于是她就责问丈夫为什么不好好教育孩子。谢安微微一笑：“我时刻在用自己的言行引导和教育孩子。”听到这里，夫人恍然大悟。

在这里，谢安为我们呈现了一种“身教重于言传”的育人理念，也就是孔子所说的“先行其言而后从之”。凡事先去做，然后再说，并且持之以恒地做下去。有战斗力的团队都极具执行力，说得少做得多，在不断啃硬骨头的过程中证明自身的实力。

每年中秋节期间，稻香村集团都会进入最忙碌的时刻。当海量订单接踵而至，公司的信息系统也进入极限运作阶段。这时候，全国各地的营销人员往往会反映网上订单不好用、U8转圈圈、网络不稳定等问题。

面对错综复杂的棘手问题，稻香村集团信息技术部的工作人员稳住阵脚，选择果敢“亮剑”。他们针对具体问题到各地、各部门实地走访，深入了解问题背后的原因，与一线工作人员积极沟通，在激烈的思维碰撞中找方法，制定各种改进方案。这个过程是复杂而漫长的，通常付出艰辛努力制定的方案会被现实一次次否定，信息技术部的工作人员顶着巨大压力继续想办法，直至问题解决、系统得到优化。

稻香村集团董事长周广军提出："一切服务于营销。"当企业销售信息不畅，不能及时为客户提供物流信息，出现影响客户体验的因素，信息部的工作人员就不能无动于衷了。

于是，信息技术部的小伙伴们群策群力，紧急制定解决方案：通过短信将物流信息直接通知到客户，微信推送物流信息及货物明细。"两步走"的策略执行下来，彻底解决了物流查询与跟踪的问题，解放了物流工作人员，让他们得以集中精力盯紧"发货"。同时，客户直接与物流公司或司机点对点沟通，可以及时了解物流状态，便于安排与调整订单。

当时，马尘飏主动请战，发出了两周解决问题的豪言壮语。结果，他和队友们做到了。在平凡的工作中创造不平凡的成就，是稻香村集团基层员工日常工作的生动写照。稻香村人秉承坚定的理想信念、不懈的奋斗精神，脚踏实地把每件平凡的事做好，成为一支战无不胜的铁军。

美国管理学家德鲁克说："管理是一种实践，其本质不在于'知'而在于'行'；其验证不在于逻辑，而在于成果；其唯一权威就是成就。"尽管现代商业管理理论花样繁多，新的理论层出不穷，但是组织管理与团队领导工作始终是建立在行动基础上的。为此，凡是公司做出的战略决策，都要坚定不移地实施；凡是已经想好的事情，都要竭力把它变成现实，即使有偏差也可以在行动中调整。

在稻香村集团的北京工厂里，在忙碌的检修现场，人们经常会看到设备部维修主管吴金保的身影。作为设备管理和维护的行家里手，他多次为改进稻香村集团生产工艺的不足献计献策。

车间搓牛舌成型线设备技术性能落后，员工劳动强度大，生产效率低。为了提高劳动效率和经济效益。吴金保带领设备团队逐步改造，反复实验，利用成型机搓圆装置、酥皮机、切台等进行测试，最终成功完成了设备改造，有效解决了之前的效率低下问题。

还有一次，摆直装置利用刮板、不锈钢轴、皮带高低落差、圆弧牵引条等的效果不如预期，吴金保又带领大家耐心研究，攻坚克难。最终在反复实验下，他带领大家利用圆弧牵引条或电机滚轮导向结合实现牛舌自动摆直；又拆卸旧电机加以改造，成功用机器代替摆直人员；通过整改成型机皮带速度，更换皮带轮使成型机速度提高，提高扎眼速度。

后来，吴金保又接连施行了一系列改进措施，使稻香村糕点生产过程中的扎眼工序规整有条理，降低了员工劳动强度，提高了产品质量。经过努力改造，现搓牛舌成型线已完全代替人工劳作，实现了自动化。设备改造后效果极佳，吴金保把工作成果第一时间分享给兄弟工厂，得到了大家的高度认可。

在稻香村集团，有千千万万个像吴金保一样的基层员工恪守着“奉献不言苦，任劳任怨”的做事理念，他们在工作中吃苦耐劳、严谨细致，把美好的青春奉献给公司的事业。走进稻香村集团，你会发现每个平凡的岗位上都有尽职的员工独当一面，他们用彻底的执行赢得了尊严和荣誉，也帮助企业在快速发展的道路上飞奔。

事实上，企业成长、领导管理是一个不断试错的过程，就像爱迪生发明电灯的实验一样，往往要经历无数次失败，才能在某一方面有所建树。这时，积极行动往往意味着商机，代表着成功。因此，管理者务必要建立“行胜于言”“先行后言”的理念，重视计划执行与信息反馈，从而真正带出一支战无不胜的铁军。

组建专业化电商运营团队

对中国电商来说，2009年是载入史册的一个重要年份。这一年，阿里巴巴旗下的淘宝商城打造了首个“双十一”购物狂欢节，从此开启了国人电商消费的热潮。

稻香村集团一直关注着电商，对这一新趋势保持着敏锐的洞察力。集团负责人意识到，“双十一”购物节的到来即将开启一个新时代，稻香村必须跟上电商的发展节奏，绝不能落伍。2009年，稻香村集团制定了“互联网+”战略，并成立了电商部门。

其实，稻香村集团此前做过自己的电商网站，也入驻过各大团购平台，但是发展状况没有预期中的那么理想。有了先前有益的尝试，稻香村集团果断决定拥抱大流量平台，跟随时代的步伐前进。

2015年之前，稻香村集团做电商的方式是线上分销，即由第三方公司在京东和天猫开店销售稻香村的产品。到了2015年，稻香村已经做到月饼品类全网销售第一。随着电商业务体量逐步做大，稻香村集团萌生了自己直接做电商的想法，毕竟代理商的资金实力和在线上的广告投入有一定的局限性，不如自己直接操盘更有空间。

于是在2015年，稻香村收回了其在京东和天猫的旗舰店的运营权，并招聘了包括周东升在内的运营、设计、美工等工作人员，组建了专业化的电商运营团队。此后，随着移动支付技术迅速发展并快速普及，电商销售模式真正迎来了爆发式增长。随后，稻香村集团加大了在天猫、京东、唯品会等平台的销售力度。作为较早“触网”的老字号企业，稻香村集团比同行更早尝到了互联网时代的“甜头”。近年来，它持续在天猫、京东等电商平台的糕点类目、月饼类目取得不错的销售成绩，电商渠道的销售占比逐年提高。

从2019年开始，抖音日益融入大众的生活，成为吸引消费者注意力的重要流量池。从2020年的直播带货，到2021年的抖音电商崛起，众多商家把注意力转移到抖音平台，渴望分得一杯羹。懂得顺势而为是稻香村集团持续成功的一个重要原因。看到抖音电商带来的红利，稻香村集团自然不能错过。于是在电商事业部总监周东升的带领下，整个团队开启了直播带货的模式，持续在新媒体营销方面加大力度。

2021年的“六一八”购物节，在薇娅直播间，热门产品原味吐司崽崽、蛋黄奶酥吐司崽崽搭配全麦面包热卖超过11万单。这个喜讯令稻香村集团张家港公司员工欢呼雀跃，随后各部门人员积极行动起来，车间白班中班两班倒，生产设备连续生产16小时以上，仓库打包人员起早贪黑地忙碌，甚至公司行政人员也加入打包发货的行列。当时，公司全体员工齐心协力，在7天内保质保量地完成了这批订单。

2021年7月8日，李佳琦直播带货7万盒，张家港公司员工鼓足干劲儿，在5日内完成了发货。雪梨直播间带货，每月一期热度不减，连续刷新了销售纪录。这一波一波的主播带货将公司的生产浪潮不断向前推进，员工的积极性也空前高涨。

为了提高生产效率，跟上电商销售的步伐，张家港公司积极引进新的设备，从而实现更高的日均产能。以面包生产为例，原本采用自然冷却方式，存在很大弊端——冷却后的面包内外温差大，一定程度上影响了口感。新增了设备冷却塔以后，面包内外温度更加均匀，口感更佳。

目前，稻香村集团除了在天猫、京东、拼多多等主流平台开设官方店铺，还伴随着抖音、快手的快速发展打出了一套线上营销的组合拳，极大地开拓了销售市场，带领了生产环节爆发式增长。从与头部主播合作直播带货到自建直播团队、开发微信小程序商城，再到尝试社群营销，稻香村集团凭借惊人的销售业绩一次次完成了自我超越，让人见识了这个老字号企业非凡的生命力。如，2020年中秋节期间，稻香村单场直播带货金额最高超1500万元。

电商事业部总监周东升说："随着线上流量越来越分散，近几年稻香村的线上销售渠道也在不断拓展，融合了拼多多、唯品会、爱库存、云集等众多阵地。2020年底，稻香村开始在快手和抖音上运营旗舰店。"稻香村集团永远选择与时俱进，不仅避免了被时代的浪潮淘汰，而且因主动拥抱互联网，公司营业额大幅增长，远远超越了管理层当初的预期。

电商和新媒体销售带来了巨大红利：一方面，稻香村集团的销量迎来爆发式增长；另一方面，电商后台客服工作也面临着巨大挑战。客服工作人员第一时间接触消费者，得到庞杂的信息反馈。这些消费者是企业赖以生存和发展的根本，如果回复不能令消费者满意，势必会降低品牌的信任度和美誉度。

为规范客服处理流程，增强服务意识，结合公司的现状，稻香村集团品质部多次举行专业培训。比如，2020年8月10日组织了一场针对天猫客服、400热线客服等工作人员的客服处理技巧培训。当时，参加人员有集团生产运营中心员工、400热线人员、天猫客服人员、电商运营人员、法规专员，还邀请到了市场监督管理部门的工作人员到现场给予指导。这次培训主要针对客服话术、分工权责、工作流程、处理策略、沟通技巧、评估标准等问题进行详细讲解。

培训过程中，天猫客服主管针对当前客服的工作原则、处理现状、遇到的问题等，与市场监督管理部门的工作人员进行了交流。随后，工作人员讲解了目前新营销模式存在的弊端，并提出了建设性意见。他们指出，客服人员的工作就是为客户服务，首先要摆正态度，沟通的时候注意方式，避免语言冲突。此外，能电话沟通的尽量不要打字，这样能拉近心理距离，增进双方的感情，从而取得良好的效果。

稻香村集团积极拥抱互联网，以更高的品质生产糕点，以更专业负责的态度主动为消费者做好服务工作，体现了一个百年老店顺势而为、主动作为的气魄和修养。最重要的是，在向前跃进的过程中，稻香村集团积极搭建电商运营团队，公司上下一体，不但让客户品尝到了美味，也让他们感受到了稻香村人暖心的服务。

厚道做人，地道做事

伟大的企业都有一脉相承的组织文化，这是团队成员积极奋进的精神指引，是组织永远保持正确航向的定海神针。稻香村集团的组织文化，一个重要内涵是“厚道做人，地道做事”。它要求集团上下秉承厚道做人的原则生产糕点，在日常工作中坚忍笃行，如此，自然容易把事情做到位，从而在平凡的岗位上干出非凡的业绩。

2012年，孙迎春加入稻香村大家庭，开始在北京公司行政部工作。刚进入公司的时候，他遵从“厚道做人，地道做事”的理念严格要求自己，在工作岗位上严谨求实、刻苦勤奋、兢兢业业，出色完成工作中的各项任务。

凭借扎实的工作作风、优异的工作成绩，孙迎春得到了领导和同事们的一致好评，后来成为公司行政部负责人。

孙迎春认为，无论担任什么职务，最重要的是始终严格要求自己，耐得住寂寞，才能在平凡的岗位上做出非凡的业绩。他是这么想的，也是这么做的，并且做得非常出色。除了严格要求自己，他还重视部门工作作风建设，提出了严谨、细致、求实、脚踏实地、埋头苦干的理念，引导团队成员干一行、爱一行、钻一行。这种强烈的责任感、服务意识和协调能力，正是做好行政工作的可贵品质。

行政部事务杂、任务重，需要工作人员具备高度的责任感、使命感和工作热情，积极负责地开展服务工作。在孙迎春的带领下，整个行政部的人始终端正工作态度、严守工作纪律，树立不骄不躁、扎实肯干的工作作风，不断增强工作的主动性和积极性。孙迎春认为，行政部经理是沟通内外、协调左右、联系各方的枢纽，容不得半点投机取巧，必须做到眼勤、嘴勤、手勤、腿勤，才能为组织提供切实有效的服务，提升集团运作的效率。

忠厚笃定的人能够主动规范自己的一切言行，严格遵守公司的各项规章制度，既尊重领导，又团结同事，成为胜任行政工作的行家里手。孙迎春要求部门成员在团队沟通中谦虚谨慎，主动接受来自各方面的意见，把不断改进工作的理念印在脑子里。尤其是在对外交往时，不利于稻香村形象的事不做，不利于稻香村形象的话不说，积极维护稻香村的品牌价值。

入职多年来，同事们在厂区总能看到孙迎春的身影：早上路过会议室的时候看到他在扫地擦桌子，会后看到他在收拾会场。多年来，他一直忙碌在公司的各个角落，周六日、节假日加班成为家常便饭，工作忙的时候，他甚至直接放弃了年假。

在生活和工作中，总有一种精神引领着稻香村人奋勇图强，总有一种人格驱使着稻香村人不断前行，总有一种力量带给稻香村人温暖舒适。秉承厚道做人的原则，稻香村人不但在工作中用心做事，还在日常生活层面时刻关注队友的冷暖。这是来自一个大家庭的深切关怀。

2021年，集团连锁经营部的一名员工遭遇了重大挫折，儿子生重病住院了。这对一位母亲来说，无异于天塌了。随后，同事们知道了这件事，主动开展募捐活动，纷纷为孩子筹钱治病。

这名员工的遭遇牵动着每一个稻香村人的心。各部门的同事们热情地发来关心和慰问的信息，并伸出援助之手。短时间内，大家帮助孩子筹集到了部分医疗费用，经过及时有效的治疗，孩子的病情基本得到控制。一方有难，八方支援，这名员工在大家庭的真心关爱下，顺利渡过了难关。

稻香村人遵从厚道做人的原则，践行了地道做事的理念。这种朴实无华、大爱无疆的组织文化不仅体现在日常工作中，也展现在团队成员遭遇危难的时刻。大家伸出援手，帮助同事把孩子从病魔手中一步步挽救出来，这种爱心之举不仅是人之常情，更是优秀团队的应有之义。

古人有云："动人心者莫过于情，情动之后心动，心动之后理顺。”“仁”是儒家思想的核心，所谓“仁者，爱人”，在稻香村集团领导层看来，意思是说领导者要关爱下属、帮助下属、体恤下属，才能赢得人心。稻香村集团“厚道做人，地道做事”的理念就是“仁者爱人”思想的体现。

在现代管理活动中，实行“仁政”是很有必要的。管理者通过改善工作条件、重视生产安全、关心员工疾苦，就可以达到“仁者无敌”的境界，赢得组织发展所需的人才和机会。实际上，现代商业领域与社会生活中广泛推行的“以人为本”，与儒家的“仁者爱人”思想是一脉相承的。

在稻香村这个温暖的大家庭里，每个人都能切身感受到来自领导、同事的关怀与温暖。无论是刚入职的同事在老员工的帮助下快速熟悉业务、突飞猛进地成长，还是某位员工在工作和生活中遭遇难题，得到团队成员的鼎力相助，任何人在稻香村集团做事都能感受到家的温暖，进而珍惜这个展示自我价值和才华的宽广平台。正如一位稻香村人所说：“如果把企业比作一艘航船，我们便是同舟共济的舵手。在漫漫征程里，有无数的暴风骤雨、暗礁险滩，我们只有与企业同心协力，才能冲破种种险阻驶向胜利的彼岸。”

管理学研究表明，团队成员之间建立良好的关系不仅有助于顺利开展工作，还有利于大家在轻松融洽的氛围中收获好心情，从而极大地提升做事的效率。无论是在岗位上笃定做事，还是在遭遇困境时得到帮助，良好的团队氛围时刻感染着身边每个人。通常，这种点滴的正向能量会积蓄无穷的力量，它可以成为领导干部与下属融洽相处的润滑剂，有助于不同部门团结合作，分派工作时不发生推诿现象，颁发奖赏时不会相互争夺。

走在稻香村集团的车间、办公室、线下店铺，我们都能感受到

“厚道做人，地道做事”的企业文化氛围，体验到团队协作互助的深厚情谊。从根本上说，“厚道做人”不仅能帮助到他人，也能成全自己，也为我们在岗位有所成就奠定了深厚的基础。

懂得利益共享才能实现双赢

《和尚吃水》的寓言故事广泛流传——“一个和尚挑水吃，两个和尚抬水吃，三个和尚没水吃”。一个和尚挑水吃，两个和尚抬水吃，这两种情况下，每个人只有行动才能获取个人利益；三个和尚没水吃，是因为分工协作的机制被破坏，每个人都想不劳而获，所以最后都要忍受口渴的煎熬。

稻香村集团董事长周广军说过这样一句话：“懂得利益共享，是贤人的作为，这类人才能带领大家共赢，成为时代的引领者。”在稻香村，大家能够集中力量办大事，一个重要原因是集团在利益顶层设计上兼顾了各方利益，努力做到了利益共享，从而确保每个人都能干劲十足，无论遇到什么挑战都能齐上阵，实现共赢的目标。

一块小小的糕点看似简单，生产出来却大费周章。它涉及采购、生产、品控、物流、营销、技术等多个环节，只有充分调动各方的力量才能生产出合格的产品，进而迎接轰轰烈烈的大规模生产。

稻香村集团菏泽公司办公室负责人王雨法说：“每次接到订单以后，各部门很快聚成一个同心圆，就像一团火燃烧起来。生产每一批产品并不枯燥，整个过程就像在创作优秀的作品，大家看了又看、测了又测、检了又检，不敢有丝毫大意。”

在稻香村集团，管理者的主要职责是建立一个合理的游戏规则，其逻辑类似于“轮流分粥，分者后取”。在这一原则下，每个员工按照游戏规则进行自我管理。具体来说，规则设计要兼顾公司利益和个人利益，并且要让个人利益与公司整体利益统一起来。

王雨法一语道明团队管理的关键，即责任、权利和利益划分明确，缺一不可。在一个完整的团队中，缺乏责任，团队内部会产生腐败，进而使领导力衰退；缺乏权利，管理者的执行力就变成废纸；缺乏利益，员工的积极性就会下降，甚至消极怠工。因此，管理者要搭建好“责、权、利”的平台，让员工“八仙过海，各显其能”。

1. 各级管理者要身先士卒

执行力是保证战略、计划落地的关键。问题是，执行力从何而来？首先管理者要做出表率，正人先正己。各级管理人员是引领团队前进、引导组织发展的人，是群龙之首。示范的力量是惊人的，如果管理人员能够做到事事为先、严以律己，关键时刻能挑起大梁，那么团队必然会上下同心，整体执行力大大提高。为此，管理人员必须以身作则，平时注意加强自我修养，成为众人的表率。

2. 依靠工作标准指导、考核员工的行为

在一个团队里，如果缺乏严谨、公认的工作标准，势必导致员工的努力方向与公司整体发展方向错位，造成大量人力、物力等各种资源浪费。因为缺乏参照物，员工失去了价值标尺，自然无法在利益共享方面获得共识，从而降低集体行动的意愿，最终出现执行力不佳、团队涣散等问题。这无论对个人，还是对公司，都是重大损失。

每个人都与组织是命运共同体，所谓一损俱损、一荣俱荣。

但是，仅仅有这样一种共识还不够，管理者必须注意采取有效的模式，实现个人与组织的利益捆绑；只有如此，大家才会把认识变成行动，把口号落到实处。

历史上的官渡之战，曹操以少胜多、以弱胜强，击败了势力大大超过自己的袁绍。其中的原因众多，但是一胜一负的结果足以说明双方在人员调动与激励上形成了不同的人心向背。曹操依法办事，赏罚分明，努力使下属的个人利益与团队利益目标一致，从而激发了大家的主人翁意识；而袁绍不注重对下属的激励，赏罚不明，这直接打击了部属的主动性，最后众叛亲离，走向了失败的厄运。

在任何一家企业里，中层干部的作用都不容忽视。他们向上面对高层领导者，向下面对基层工作人员，是上通下达的纽带，是确保执行落地的关键。稻香村集团尤其注重对中层干部的培养、训导。

2017年，刘静加入稻香村集团山东公司。2018年山东公司组建糕点车间时由于全部都是零基础人员，因此在选拔基层管理人员时就本着挑选“会调机、会写报表”的原则。刘静作为糕点车间的包装区班长抓住了这次机会，被公司培养了起来。

山东公司的糕点车间属于混合型车间，产品多样化和旺季用工量大是最明显的特征。中秋节前后，包装人员从平日的二十几人扩张到280多人。这对于现场管理是绝对的挑战，也是在这种高压态势下，管理人员的管理水平才能取得质的飞升。让我们看看刘静在这种情况下是如何管理车间的。

1. 人员安排，生产流畅增劳效

在组建的临时班组中，分班后还有140多人，稍有不慎就会造成人员窝工，拉低车间的人工效率的问题。刘静为了能够更好地管理这么多人，对包装车间的140多人进行了内部的分工配置：第一，在包装区增加三名线长，老内包一名、新内包一名、外包一名，各负责约50人；第二，每条生产线配置一名老员工负责生产的协调（含班前班后消毒，内部人员换班去厕所，设备异常，物料管控等）。这样一来，就把车间区域由大化小、由粗到细进行了分解，形成“班长管线长、线长管老员工、老员工带新员工”的模式，大大提升了新进员工进车间的适应速度，并使得工作效率有了较大幅度的提升。

2. 遇事担当，约束自己影响他人

基层管理工作需要刘静每天上班早于他人，下班晚于他人。早于他人是提前进车间进行工作的交接、计划的梳理与人员安排，晚于他人是班后的收尾、报表的整理、考勤的统计汇总和班后的盘点与交接。虽然工作时间延长了，但是刘静没有丝毫怨言。她清楚地知道，只有这样做才能保证生产任务的完成。她的这种担当带动了车间里的员工，每位员工都在完成自己的工作后顺手整理车间，为刘静减轻工作压力。生产任务圆满完成后，刘静也与车间员工处成了一家人。

3. 提升业务能力，动员全员学习操作包装机

面对包装机手储备人员不足的局面，刘静主动研究包装机结构，着手提升包装机调机能力，如今她在糕点车间调机能力首屈一指。同时，刘静对45岁至50岁人员进行选拔，只要能识字、眼不花的人员全部参与培训，并对学会的人员进行表彰，鼓励他们申请参与技能工考评。她的做法使车间会操作包装机的人数大幅上升，为后来圆满完成生产任务打下良好的基础。

确保员工个人利益与公司利益目标一致，是建设团队精神、培养员工主人翁工作态度的关键。而为了实现这一管理目标，组织领导人通常要借助明确的激励制度，即员工为公司赚取利润时，要获得相应的奖赏；反之，则接受相应的惩罚。所谓“上下同欲者胜”，当利益共享真正落地的时候，也就是团队执行力爆发的时刻。

踏踏实实把小事做好

百年老店走过风雨历程，是无数人默默奉献和付出的结果。尤其是当企业战略制定之后，在组织实施过程中，团队成员的执行力便开始发挥关键作用。正所谓“没有彻底的执行，再伟大的战略都等于零”。

稻香村集团的企业文化是“厚道做人，地道做事，成人达己，追求卓越”，这要求团队成员从上到下都要兢兢业业干事，对待工作一丝不苟，在平凡的工作岗位上尽职尽责，为公司的发展贡献自己的微薄之力。

2014年6月，任晓宇成为稻香村大家庭的一员，入职集团财务中心。刚开始交接工作的时候，似乎一切都找不到头绪，再加上每天有很多款项需要入账，给物流结算多笔费用，自然压力有点大。当时，任晓宇经常出现耳鸣的情况，吃饭也没有胃口。但是，她顶着巨大压力，慢慢熟悉业务，逐步掌握了岗位工作的要领。

为了给送货的司机结算运费，任晓宇经常等到半夜。由于开票室的出纳只有她一个人，遇到周六有入款的情况，她会从家里赶到公司为客户入账。这种状况持续到了中秋节结束，等生产任务缓和下来，她才有机会休假。有一次刚到下班时间，一个客户交来支票，任晓宇已经走出集团的大门，接到消息后又立刻返回，给客户入完账才下班回家。

出纳工作很琐碎，工作量巨大。任晓宇始终尽职尽责地做事，工作中有耐心，也很细心。比如，集团财务中心收到的发货单及各种单据，她都制成凭证。遇到旺季来临的时候，每天发货单的单据量能达到八九百张，她总是脚踏实地完成任务，从没有抱怨过工作任务量大、压力大。有时候库房没有及时返回单子，她就主动找库房询问情况。

在稻香村，有千千万万个“任晓宇”奋斗在岗位一线，他们不忽略任何一件小事，用积极的心态迎接挑战。高楼大厦是由一砖一瓦堆砌而成的，每天做好分内的小事才能在持续积累中练就一身功夫，成为业内专业人士，在未来某个时刻担当重任。

一个优秀的演员是从做群演、配角开始的，一个将军是从做士兵开始的，每一个做大事的人都是从一点一滴的小事起步的。把工作中的小事、杂事做好，可以磨炼性子、熟悉业务、锻炼技能、开阔视野，这是成就大事的根基。

一屋不扫，何以扫天下？如果一个人连小事都做不好，或者不愿意去做小事，又怎么能胜任更重要的工作呢？稻香村集团非常重视团队建设，尤其注重培养员工务实、严谨的工作作风。

随着电商业务快速增长，越来越多的年轻人加入稻香村集团电商事业部。

稻香村集团电商部每天产生大量订单，绝不容许出现丝毫的纰漏。不难想象，如果打单环节出了问题，势必造成后期发货错误百出，让这个团队的努力付之一炬。因此，作为电商部的一名打单员，郑艳坤不敢有丝毫的懈怠，除了仔细检查、核对单据，她还与采购员、维修人员沟通到位，不因缺少打印纸、打印机器故障等问题影响打单工作。

在库房打包场地，打包人员每天都在紧张地忙碌着。他们掌握了娴熟的打包技巧，工作中吃苦耐劳、不畏酷暑严寒，确保稻香村糕点源源不断地及时送到消费者手中。在稻香村，有无数人在坚持把小事做好，确保各项业务正常运行。他们可能不善言辞，也没有耀眼的光芒，然而正是因为这些普通岗位上的工作人员尽心尽力地把事情做到完美，用饱满的热情和积极的态度执行，才让稻香村有了坚实的发展基础和源动力。

企业中的每个岗位都很重要，它就像一台机器中的螺丝，只有将每一个螺丝拧紧，这台机器才能稳定、快速地运转。在稻香村，大家形成了一个共识：企业的发展是不同岗位上员工集体努力的结果，所以无论在什么时候都要坚持做好自己的本职工作，绝不在团队中拖后腿。

工作之中无小事，一件看似微不足道的事情很可能影响下一道工序，最后造成难以估量的不良影响。所以，稻香村人都相信，只要有益于团队和企业发展，无论事情多么麻烦、多么困难，都应该全身心投入，让问题到此为止。

打造团队正能量

毫无疑问，工作首先是谋生的手段，但是大多数人在工作中还有更高的追求。如何发现工作的意义？如何在工作中实现自我价值？如何快乐地工作？稻香村集团给出了不一样的回答：有价值感，才是人生最大的意义。

关一梦是稻香村集团生产部的一名员工，从当初的一名菜鸟成长为今天的岗位能手，她的华丽蜕变离不开团队成员的热情帮助、包容接纳与合作共赢。这种充满正能量的团队文化，让每个稻香村人都完成了一场精神上的洗礼，实现了从产品到人品的升华。

刚接手工作的时候，关一梦感觉一切都很陌生，许多东西都是平生第一次接触。看到身边有经验的同事三下五除二就把事情做好了，她顿时感觉压力超级大。

有一次工作中出现了失误，关一梦立刻慌了神，办公室的一位大姐看出了她的慌乱，于是安慰道："别太紧张，出错不可怕，只要长记性就好了。谁没有过失误呢？赶快调整好状态，继续努力吧！"听完这些话，关一梦心里特别温暖，立刻打起精神投入到工作中去了。

稻香村集团有严格的制度和规定，也有浓浓的人情味儿。在同事们的热情帮助和关照下，关一梦像其他许多新人一样快速成长起来。在这里，每个人都愿意倾注自己的热情帮助别人，甚至把自己积累多年的看家本领拿出来分享。利他就是利己，这种观念已经深入到每个稻香村人的心田。

在自然界有一个让人捉摸不透的现象，那就是扎根很浅的红杉总是生长得很好，而有些扎根很深的植物却被大风连根拔起。原来，红杉一直都是成片生长，很少见到单独生长的一株红杉。它们的根紧紧地连在一起，总能一起抵抗大风的侵袭。因此，无论大风如何猛烈，都不能撼动盘根错节的红杉林。植物尚且如此，人们做事自然也应该避免单打独斗。今天，无论你从事什么工作，处于什么环境，都无法脱离他人的支持而独自完成所有的事情。因此，我们在工作中不能忽视团队的强大作用。充满正能量的团队友爱互助，万众一心，个人也可以在团队中施展才华，成就一番作为。

稻香村欢迎踏实勤奋、团结合作的人加入，但是这些奋斗者不是孤军奋战，更不是没头脑地蛮干；稻香村提倡员工做一个聪明的奋斗者，带着疑问和想法把工作干好。

每逢重大节日来临，稻香村的订单都会纷至沓来，这对电商库房来说无疑是一次次严峻的挑战。当订单量与发货量攀升至平时的几万倍时，稻香村人忙碌得几乎没有时间喝水、吃饭。然而，你听不到一句怨言，大家都坚守在自己的岗位上快马加鞭，全力配合其他同事、其他部门完成工作。

看到一张张发货通知，电商部的工作人员就像看到了军令状，不敢有丝毫的迟疑和退缩。大家明白，现在是公司最需要自己的时候，必须挺身而出，打一场漂亮仗，用最好的战绩交出自己的答卷。

电商部的人敢于迎难而上，但是他们不是机械性地重复操作过程，而是配有相应的技术支持，从而提高工作效率，大大减少人力烦琐重复的劳动。努力不一定会成功，但聪明的努力，结果就不会太差。由此，不难理解为什么稻香村这些年发展得越来越好。每个稻香村人都是一名合格的奋斗者，这成就了稻香村非凡的今天。

任何企业都需要强大的凝聚力。过去，企业采取传统的管理方法，总是上级向下级下达命令，忽略了员工在情感和心理上的各种需求。今天，企业更加注重对员工合作精神的培养，让他们在工作实践中加强沟通，引导大家具备共同的使命感、归属感和认同感，使大家最终能够默契合作，从而让团队产生巨大的凝聚力和执行力。

毫无疑问，稻香村是一个充满合作精神的组织，历经百年风雨走到今天，除了传承苏式糕点工艺与品牌，还在于现任管理者打造了充满正能量的团队文化，让每个人都能发挥自己的特长，在强烈的合作意识下产生协同效应。不难想象，若一个企业失去了合作精神，那么将会成为一盘散沙，尽管看上去还是一个整体，但已经不具备强大的竞争力了。

进入稻香村大家庭，许多人开启了一场自我发现、自我成长之旅。在这里，企业的理念和文化，以及领导和同事之间上下一心的作风，都深深感染着每个成员。做喜欢的事，与充满爱心的同事并肩奋斗，以及由此产生的满足感和认同感是金钱不能衡量的，那种满足感和荣誉感让人的内心更加丰盈和充实。大家都相信，奋斗者的人生终将逆袭。

2021年5月27日，稻香村集团为员工举办了一场集体生日会。在现场，伴随着优美欢快的音乐，46位受邀参加生日Party的寿星们欢聚一堂。在热烈的掌声中，董事长周广军致辞，他高兴地为寿星们送上祝福，并表示公司的发展离不开每一位员工的努力，希望通过每月一次的生日会，能够让所有的员工感受到稻香村这个大家庭的温暖，更希望大家在这个大家庭里面热情积极地工作，共创美好未来。

随后，在欢快的《生日快乐》歌声中，工作人员推着点燃蜡烛的6层生日蛋糕进入会场中间。大家齐唱生日歌，寿星们脸上洋溢着幸福的笑容，一起许下美好愿望。接着，大家围在一起共享美味的蛋糕，畅聊工作与生活，完全投入到欢快的氛围中。一张张幸福的笑脸，构成了稻香村大家庭最温馨的画面。

优秀的企业总是令人向往，那里从高层领导到普通员工，往往都平等相待，相互尊重；在上班时间，大家都穿一样的服装，在不分等级的餐厅里一起就餐。在这样融洽的环境中，每个人都成为“家庭”中的一分子，充满了浓浓爱意和人情味。

稻香村就是这样一个令人向往的地方，大家在平等、友爱的工作氛围中激发出热情和干劲，这种充满正能量的团队文化让每个人真正做到了“以公司为家”。

始终提升团队的协作能力

企业是由人组成的，企业的高效运行、良性发展离不开员工的配合与协作。在平等和睦、互相尊重的组织里，团队成员之间会形成融洽的关系，大家并肩作战，工作起来更加有效率。

在团队管理中，构建平等互助、上下一体的工作关系，是许多优秀企业践行的组织文化。稻香村是一个大家庭，每个岗位上的人都是这个大家庭的成员。除了在日常工作中团结互助，稻香村集团管理层还经常开展培训和团建，提升团队的凝聚力。

2020年11月14日，稻香村集团电商事业部开展了以“相亲相爱，携手同行”为主题的拓展活动。当时，在“你画我猜”游戏环节，参赛选手根据出题卡的内容进行肢体表述，这非常考验大家的模仿能力和团队默契。大家在欢声笑语中放飞自我，增进了感情，也拉近了心理距离。

还有两个游戏也令人印象深刻。一个是“合力建塔”，考验团队协作能力。当时，每队成员都屏声闭气，在队长的指挥下行动，充分展现出团队中大家齐心合力的重要性。另一个是面粉传递，让大家在轻松愉悦的氛围下，更贴切地感受精诚合作和自律对团队作战的重要意义。

大家在游戏中发挥所长，各显神通，在工作中何尝不是如此？每个人聚集到稻香村的旗帜下，就是要发挥积极进取、你追我赶、不服输的精神，携手同心为团队积极贡献自己力量。

稻香村在一路发展壮大的过程中，离不开每个团队成员的努力和付出。为了提升大家的工作能力和专业素养，集团会有计划地对各部门工作人员进行技能培训。

2020年12月19—20日，集团生产运营中心组织了采购供应管理与化验技能提升培训，各分公司品控、采购、生产、仓储等人员参加。

其中，化验技能培训主要内容为酸价和过氧化值的检测方法，采取理论教学结合实操演练的方式开展。在理论教学中，老师讲解了国家标准中的重点要求和容易忽视的细节，并对日常操作中经常遇到的问题进行了解答。在实操演练中，学员分组按顺序依次上阵，随后由老师提出存在的问题及解决方法，最后每个小组成员对检测方法进行了讨论和总结。

从理论学习到现场实操，这种有针对性的技能培训帮助大家及时发现了自身存在的问题，巩固了酸价、过氧化值等专业检测技能。当时，为了验证学习效果，又进行了酸价、过氧化值的检测技能考评，整个操作过程涉及实验前处理、称样规范、滴定操作、结果计算、收尾等多个细节，特别考验操作人员的耐心和专业水准。

一支有战斗力的队伍要经过千锤百炼，才能形成组织能力、协作能力，才能在工作中迎接各种挑战。除此之外，团队成员平时除了埋头苦干，还需要不断学习，通过有效的培训提升业务能力。正所谓既要“低头看路”，又要“仰望星空”。

在稻香村集团，部门众多，岗位划分也很细，除了通过培训提升岗位技能和专业能力，各部门之间也需要协同作战，从而应对市场需求增大、外部环境改变等各种问题。

比如，稻香村糕点在生产淡季和旺季，用人数量存在明显差异。每当节假日来临前，各种订单会纷至沓来，这明显与淡季的产能不匹配。为此，需要提前储备一线生产工人，做好招聘工作，防止出现用工荒等问题。

针对上述情况，稻香村集团山东公司人力行政部会提前行动，把旺季期间的一线员工招聘当作工作重点。为此，他们采取了积极行动。

1. 提前制订用人需求计划

稻香村集团山东公司人力行政部要求用人部门充分考虑生产状况，掌握未来1—2个月内人员稳定状况，在考虑人员成本的基础上提前1个月上报用人需求。这样一来，招聘部门就有足够的时间进行招聘，既保证了用工质量，又不影响生产进度。

2. 根据用人需求制订详细的招聘方案

生产部门的用工需求属于基础员工招聘，合适的招聘渠道主要包括宣传自招、内部推荐、代理招聘等。宣传自招途径包括下乡宣传、借助当地政府资源宣传、招聘网站宣传、自建招聘群宣传推广等；内部推荐途径主要是宣传自招开始前半个月实行的内部推荐奖励方式，并转发到公司员工群，吸引公司员工积极推荐。经验表明，宣传自招、内部推荐等形式效果较好，前来应聘的人员较多，稳定性也有很大优势。

3. 选择招聘渠道，并付诸行动

下乡张贴招聘广告，工厂、食堂、车间入口张贴海报，微信员工群、朋友圈发布招工广告，自建招聘群安排人员全程答疑……稻香村集团山东公司人力行政部做好充分准备，有针对性地做好招聘工作事宜，力图以最小的成本满足公司用工需求。

4. 组织面试，并选用合适的工作人员

在面试环节，面试人员充分了解公司各车间生产的产品及岗位需求，并对公司考勤、福利待遇、薪资核算方法等了如指掌，从而能流利地回答面试者提出的各种问题。当面试人员较多时，还要带领面试者实地观摩工作现场，以帮助他们获得更加直观的感受。最后经过筛选选出合适的工作人员，需要告知对方具体报到时间，需准备的资料，并提前协调好住宿等事项。

上述招聘过程并不是公司人力行政部单独行动，而是人力行政部与用工部门积极沟通、密切协调的结果。在稻香村集团各个地方，不同部门、不同岗位的工作人员都积极主动配合其他团队成员开展工作，展示出团结协作的强大战斗力。

第7章　科技驱动｜全流程生产需要技术标准规范化

传承技艺，但不排斥科技

曾经，只要一提到老字号，必定与传统的、习惯的、古老的相关联，仿佛老字号就只拥有“老”这一个特征。老字号确实富有传承记忆与文化的使命，但也不能排斥时代性和科技性。“不然那永远只能做一个作坊”，这是周广军对于老字号与科技之间关系的定义。如果老字号与科技失去联系，那么老字号的规模也就只能停留在作坊级别。

“当然作坊也是很美的，比如那些代代相传的小糕点铺，在经营上普遍没有太多野心，日本很多百年的街边店都是如此，但是这些并不是大品牌的使命。”周广军并非看不起作坊，因为作坊有作坊的美，但稻香村不是普通的作坊，是享誉全国的老字号，是大品牌的老字号，显然不能窝起来做一个作坊。

稻香村集团董事长周广军对于大品牌的老字号有非常大的期许，“身为大品牌一定要在科技投入方面以身作则。当你和国外大企业竞争的时候，难道还要停留在洋枪洋炮对冷兵器的层次吗？大企业必然要有和国外交流、引领进步的自觉。尤其是全行业都认你作领军企业的时候，你更应该有这种责任和担当”。

稻香村是一个能够生存发展至今的百年品牌，其独有的生存发展之道无外乎两个根基：坚守技艺传承是立足之本，坚持创新科技是发展之源。

稻香村集团对于科技在企业发展中的强大作用很早就有认知，从2003年完成第三次改制，企业经营真正走上正轨时，就开始布局“科技进步、科技强企”战略。

2005年，稻香村集团采用了高新技术对现有生产设施、工艺装备进行全面改造，积极研究创新技术，优化生产流程，淘汰落后工艺和装备，并加强糕点产品工艺、配方的革新。

2006年，稻香村集团又斥资数千万元新建现代化、开放式的模范食品工厂，采用10万级空气净化处理，实施全过程自动化无菌生产。同时，由中国食品发酵工业研究院、国家食品质量监督检验中心、稻香村联合设立的，全国首个国家级中国糕点食品技术中心也宣告落成。百年老店稻香村第一次有了现代化食品生产基地和研发中心，实现了从传统作坊到现代化大规模生产的跨越。

稻香村集团的科技进步行动在同行中属于先行者，最先迈开脚步，并不意味着最先停下脚步，而是在此基础上继续加快科技先行脚步，这一点在周广军成为稻香村集团领路人后更加显著。

“要将稻香村打造成一家科技型企业”，董事长周广军曾多次在公开场合这样表示。他认为，科技和创新对于新时代老字号的发展尤为重要，已经成为生存之必需。

在这样的经营理念下，2015年稻香村集团在技术研发上的投入超过2000万元，并在此后保持每年近20%的增长速度。

在充裕科研资金的支持下，稻香村集团不断提高技术创新管理能力及研究开发能力，已在苏州、山东菏泽、北京三地拥有自主研发实验室，购置国内外先进实验、化验设备，配备专业研发工作人员，与国家科研院所、大专院校搭建产学研合作平台。近几年取得专利百余项，有些项目获得国家行业技术进步奖，有效促进了企业的技术进步和新产品的开发。

老字号企业除去岁月和历史的积淀，对品质的精益求精、创新精神和技术投入都尤为重要。因此，稻香村集团不仅在研发科技上投入巨大，在生产科技上同样敢下重手。周广军认为："老字号尤其要转变观念，成为一家现代的企业、一家科技的企业，老字号才能走得更远，不辜负消费者对你的厚爱跟期待。"在这种理念的支配下，稻香村集团在尊重传统工艺的基础上不断进行技术改进和设备更新。

稻香村集团会根据机械化、自动化、智能化的总体目标，引进国内外先进的生产设备。例如，从国内购置的生产设备KL1000型燃气钢带混合炉，主要生产品种为月饼、桃酥、曲奇饼干，日产能达20吨，实现了产品从定模成型到烘烤的钢带自动排列对接，对产品定型及产品均匀烘烤起到关键作用。

再如，从国外引进的全自动化生产线设备（Trefa打发机、DENBOER烤炉等），蛋糕面浆均质细腻，产品烘烤色泽均一，产品质量与安全得到完全保障。

再如，从国外引进的自动化理料线撕托机，包含了产品差速排队整理带、产品托自动分发、产品自动落托装置及落托后产品自动排队等，由人工撕托、手工装产品升级为全自动理料、撕托、装托、排队入包装机等一系列过程，体现出速度匹配、操作简便、运转平稳等优势。

2020年，稻香村集团又大力推行数字化办公方式，升级了采购、终端销售、财务等各板块系统，推动企业的信息化、数字化、智能化建设。

对于稻香村集团的科技投入、科技研发和科技引入，不能详细列举，但近些年的一系列措施已经证明，稻香村集团注重现代科技的做法是非常正确的，未来也一定会在坚持传统技艺传承的基础上，继续开发和引入新科技，将技艺与科技完美结合。

周广军对于稻香村集团当下的技术成绩感到满意，但也常怀忧虑，毕竟时代的发展太快了，今天还是先进的技术，明天可能就面临淘汰了，太多由盛转衰的企业案例犹如达摩克利斯之剑时刻悬在头上。

作为老字号食品企业的领路人，周广军经常会关注看起来和食品行业关系不太大的云计算、大数据、物联网和智能化，“单纯从技术角度来说时下最热的技术不外乎‘云大物智’”，最先进的科技可能随时会对稻香村集团的发展起到决定性作用，不关注就会丧失机遇。

如今，稻香村集团已经成为现代化的科技型老字号企业，读起来可能有些拗口，但这就是事实。稻香村集团也和其他科技企业一样面临用工难的问题，“人是越来越难招，招来不好用，不好用还留不下，也倒逼我们对生产设备工序等进行自动化智能化的升级改造”。

方方面面都在逼迫一家企业必须时刻紧跟时代的脚步，必须紧紧抓住科技创新的牛鼻子，慢一点或松一点劲，就可能会被时代淘汰。

如果说食品企业新技术、新产品的研发能力是打造核心竞争力的基础，那么在这个基础之下还必须有道德和标准作为奠基石。在思考如何确保产品安全时，稻香村集团董事长周广军确立了“道德、标准、科技”三个理念。

为什么要先讲道德，再讲标准？周广军解释道：“因为技术有时候也可以用来造假，道德的规范是老字号传承的底线。所以我们常说‘厚道做人、地道做事’，企业没有这个理念就不要做食品。然后是标准，也就是用科学的标准去规范产品的生产流程和品质。”

道德用来规范人心，标准用来规范行为，科技则是帮助企业达到标准规范的手段，现代糕点企业的生产全流程，都需要科学技术的协助。稻香村集团目前就很注重信息化、智能化投入，“我们目前在苏州、北京、山东菏泽三地建立研发中心，还建立了十个生产加工中心。这些研发工作不仅是为了减少人工、降低成本，更是出于提升生产效率和产品安全性的考虑，让企业在国际舞台上更富竞争力”。

时代在变，社会在变，环境在变，市场在变，思维在变，方式在变。在这个瞬息万变的今天，唯有重视技艺传承和科技发展是不变的，做好这两点，老字号也能焕发新生机。显然，稻香村做到了。

用科学的标准规范品质

沈阳，一座历史悠久的城市，城内有一家文化底蕴深厚、制作技艺精湛的食品企业——沈阳稻香村食品工业有限公司。

现在来见识它的风貌。

首先映入眼帘的是巨大的稻香村标识牌，再经过一条长长的走廊，途经干净整洁的员工活动室，内有乒乓球、台球等设施，隔壁是图书室。喜欢运动的，可以在闲暇时到活动室一展身手，享受运动放松的好心情；喜欢安静的，可以在图书室抱着一本钟爱的书，进入知识的海洋徜徉。

离开生活区，来到工作区。想要进入生产车间，必须穿上工服、戴上帽子与鞋套，经过洗手、消毒、粘毛发、风淋室、二次消毒等一系列操作。

生产车间的一楼是油茶车间，二楼则有六个班组：和面班组、操作班组、烤炉班组、西点班组、速冻班组、包装班组。

在车间班组里，各种面粉、糖、油在工人技艺与机器的双重加持下相互融合，最终变成成品。每一个工段既相互独立又相互关联，车间工人配合度极高、操作熟练，高质量、严要求地生产出各种美味产品。

车间临下班时会对当日生产产生的废包装袋进行数据记录，并设有独立的废品区域，用于存放生产过程中产生的各种垃圾。

这是品质的生活与品质的工作，是科学的标准规范带来的。

稻香村集团在全国设有多处工厂，为什么只讲沈阳的工厂？是其他地方的工厂做不到这样强专业度和高标准化吗？并不是这样。稻香村集团旗下所有工厂的所有生产行为都有相同严格的、科学的标准规范，即沈阳工厂是怎样的，其他各地工厂也是怎样的。

很多见识过稻香村集团规范化和标准化的人，都非常惊讶，如此庞大的企业规模，是如何做到标准统一、执行规范、品质如一的？

三流公司卖产品，二流公司卖品牌，一流公司卖标准。董事长周广军深谙此道：“标准，即用科学的标准去规范产品的生产流程和品质。”他一直坚持一个观点：食品的质量与安全是企业发展的生命线，以产品质量为根本、推动企业高质量发展转型，需要靠道德约束和科技手段去规范、提升。在标准理念的引领下，稻香村集团一直把制定标准、实行标准、坚守标准当作一项很重要的工作。

其实，稻香村集团的标准化并非诞生即有，历史上稻香村的品控并不标准。据稻香村传统糕点制作技艺第三代传承人王渭仪讲，最早的苏式月饼制作并不是很讲究，所用原料也是取自本地，大户人家自己也能简易制作，所以各式各样不尽相同，口味口感也千差万别，没有统一的科学的配方和流程。

即便在没有标准的时代，稻香村的糕点有三个特点却是惊人地一致———奶白色、酥油皮、重糖重油。稻香村的产品要进贡，大客户都是皇亲国戚和达官贵人，因此对月饼的质量要求很高。

正是这三个意外保持下来的特点，逐渐成为外界对稻香村产品的认知，当时人们只要一提到稻香村，就会想到奶白色、酥油皮、重糖重油，总结成两个字，就是“好吃”。

如果稻香村只是想要做一个被人们熟知的“作坊”，那么，守着这三个特点就可以了。但是，稻香村从诞生那一刻起就是有野心的，它不想只做一间“作坊”。所以，稻香村人一直在寻找能够突破“作坊”的方法，并终于在现代商业思维下找到了这个方法，就是用科学的标准规范产品品质。虽然这只是突破“作坊”的方式之一，却是必须要做到的。

稻香村人明白，香甜可口的食物不但人类爱吃，微生物也非常爱吃，所以整个生产过程全程都要保证无菌操作。生产前后，会对

10万级净化车间进行60分钟以上的紫外线消毒，还有许多专业的防护措施，让微生物无处遁形。所有参与生产的人员，手部有专人每2小时内用75%浓度的酒精消毒一次，接触裸露的产品必须戴一次性手套，手套每半小时更换一次。

将食品安全放在首位，在生产加工、技术改进方面不断创新提高，稻香村集团已经形成了传统糕点行业独特的“稻香村标准”。

目前，稻香村集团已经拥有一百多条行业领先的现代化生产线，每年还会对现有生产设施、工艺设备进行技术改造，优化生产流程，淘汰落后工艺和设备。现代化的生产设备及工艺与科学管理体系确保产品生产的专业化、标准化，并先后通过QS、GMP、HACCP、ISO9001等多项认证。

稻香村集团建有严格的追责制度，从原材料到产品的全链路质量追溯，每块饼都可正向追踪及逆向查询，为产品质量保驾护航。同时，稻香村还通过对设备的物联网控制，减少人为参与，保证产品质量。

作为稻香村集团的领军人，周广军始终认为企业最高领导者必须在品牌经营上拥有“野心”，要关注行业标准、国家标准乃至国际标准，在内部实施标准化管理，提升企业的核心竞争力。“一家企业，特别是老字号企业，不论是管理标准还是产品标准，抑或是技术创新标准，都要根据统一大市场的要求来制定，还要不断提升这些标准，以便走出国门、走向世界。”近年来，稻香村集团的出口销量增长很快，遍及40多个国家和地区。为应对每个国家的检验标准都不一样的现实问题，稻香村集团专门做了三年的法规调研，做到了在企业以外仍能用科学的标准规范产品和服务的品质。

稻香村集团的“出海”经历，令稻香村有了全球化的视野，也让周广军意识到“当与国外大企业竞争的时候，唯有用实力说话才有底气”，而这份底气在现代市场竞争中离不开科技创新和标准规范的重要支撑。

掌握食品工业化加工关键技术

食品加工业的发展水平，是一个国家、一个民族社会经济发展水平和生活质量的重要标志。食品工业是涵盖第一、二、三产业的全局性和战略性产业，是衔接工业、农业与服务业的关键产业。当下全球食品产业整体正在向多领域、深层次、低能耗、全利用、高效益、可持续的方向发展。

稻香村集团作为食品领域的中华老字号企业，必须肩负起不断培育我国食品加工企业的自主研发能力和创新能力，不断突破核心技术问题和关键设备问题，不断加快食品加工产业的发展，以引领我国丰富的农业资源和大量的农副产品高效转化的重任。

正因为肩负着巨大且重要的使命，稻香村集团在传承“老”的同时，也在勇于变“新”，致力于建设成为科技型企业，以传统技艺与现代科技相结合的新技术、新产品的研发与创新，作为打造核心竞争力的基础。

稻香村集团在苏州、北京、山东菏泽设有三个技术研发中心，与相关机构和高校共建学研合作平台，紧跟国际最新食品科技，重点致力于焙烤冷冻面团发酵过程优化关键技术和系列新产品、新技术的研究与开发。

例如，稻香村集团张家港公司与江南大学合作进行的“冷冻面团发酵过程优化及抗冻配料应用关键技术研究”于2008年获得中国食品科学技术学会科技创新奖——科学技术进步一等奖，“抗冻生物发酵剂与起酥剂研究与应用关键技术”于2010年获中国粮油学会科学技术奖一等奖。

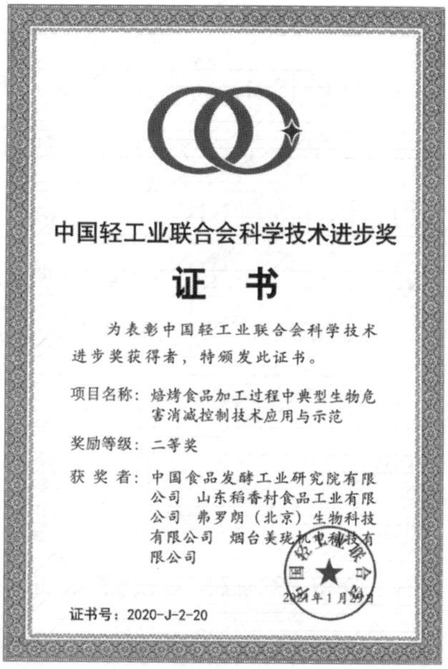

中国轻工业联合会科学技术进步奖

证 书

为表彰中国轻工业联合会科学技术进步奖获得者，特颁发此证书。

项目名称：焙烤食品加工过程中典型生物危害消减控制技术应用与示范

奖励等级：二等奖

获 奖 者：中国食品发酵工业研究院有限公司 山东稻香村食品工业有限公司 弗罗朗（北京）生物科技有限公司 烟台美珑机电科技有限公司

证书号：2020-J-2-20

稻香村集团荣获中国轻工业联合会科学技术进步奖

稻香村集团山东公司被评为“农业产业化国家重点龙头企业”，与中国食品发酵工业研究院有限公司等单位合作的“焙烤食品加工过程中典型生物危害消减控制技术应用与示范”项目，荣获中国轻工业联合会科学技术进步奖二等奖。

通过上述介绍，能够基本了解稻香村集团在科技研发上对中国食品技术进步做出的重要贡献。其实，上述介绍只是稻香村集团科技研发成绩的冰山一角，经过多年的潜心研究和大力投入，稻香村取得了诸多科研创新成果，获得多项专利，拥有极高的技术价值、经济价值及社会价值。

其中，月饼翻转机构、桃酥饼压制滚筒、防尘搅拌机、撒粉装置4项技术，极大地改进了生产工序，提高了生产效率。桃酥、蛋卷产品的研制，是在传统制作方法的基础上，对产品进行改良，以更适合工业化生产，更符合消费者的需求。桶装食用油取用辅助装置的研制，减少了生产过程中原材料的浪费，提高了产能，并节约了人力。仅一种桃酥（专利证号ZL201320000538.3）和一种蛋卷（专利证号ZL201320000583.9）的专利授权收入就达8000万元。

稻香村集团不仅注重科研创新，还注重创新成果的转化，把创新转化为生产力，将科研中心和教学成果转化为生产成品，结合自身产品特点加以改良、改进、创新。例如，苏式鲜肉月饼将一种天然结凝材料用于肉馅料调配，锁住了水分，保证了肉馅鲜嫩的口感，减少经加热后馅料中水分向酥皮的渗透。

为了将科研创新成果更好地运用到实际生产中，稻香村集团对生产加工程序有着严格的规定，力争将食品加工的关键技术实施到位。

食品馅料作为食品工业重要的基础原辅料，在烘焙食品、速冻食品、冷饮食品、小食品中有广泛的应用，其生产工艺、技术、设备专业性强，产品必须达到乳化平衡、阈值平衡。正因为馅料产品占有非常重要的位置，稻香村集团要求各级职能部门必须将馅料生产作为重中之重，并始终将工艺技术作为产品核心。

首先是采购环节，必须通过对上游产品的严格把关来确保下游产品的质量安全。生产用的原材料品种非常多，有白芸豆、红小豆、枣、白砂糖等，原料采购和进料检验都要作为重点工序管控。

其次是生产加工环节，全过程必须严格关注预处理、炒制、包装的每个环节。其中，尤以炒制最为重要，因为馅料的口味主要在炒制工序。产品的配方必须成熟，炒制的火候必须适宜，出锅的时机必须恰当。之所以要如此严格地要求，是因为产品的色泽、质量、香气往往来源于馅料的精心调制，产品状态体现技术核心。

只有产品质量得到有效保证，产品才能甘醇浓郁隽永弥香。稻香村作为有卓越影响力的中国知名品牌，芳华背后承载着异常厚重的责任。周广军说过："讲产品就要讲责任心，质量问题是天大的问题，稻香村人要时刻考虑存在价值。”

因此，稻香村集团旗下各个工厂从人、机、料、法、环五个维度大力推行“5S”管理，这对加工工厂的改变非常大，有效促进现场管理，工作效率有提升，质量有保障，工作环境整洁井然有序，员工执行力高，整体达到了“想到就要做到，要做就做最好”的精益生产最高境界。

产品就是人品，质量就是生命。多少年来，与公司一起成长的稻香村人，目睹着她发生的翻天覆地的变化。回顾公司走过的历程，公司已发展壮大，翻开了崭新的一页，令人自豪、骄傲。

有一种感情，看似平淡，却能浇铸出生活的希望；有一种精神，看似朴实，却能成就不平凡的业绩。这种感情令人魂牵梦萦，这种精神令人豪情万丈，这就是我们为之骄傲、为之自豪的稻香村理念。

数智化转型助力永续经营

作为基于数字化、信息网络、数据资源、创新驱动以及智能化的经济形态，数字经济已成为推动我国经济增长的新引擎。在这场数字经济的变革浪潮中，稻香村集团紧跟时代步伐，捕捉新的机遇，进行了一系列大胆尝试，并获得了丰厚的回报。

经过多年发展，稻香村集团形成了各分公司进行单体管理的模式。随着信息技术、网络经济的崛起，这种管理模式的弊端日益明显。2018年，周广军提出了集团式管控战略，随后马尘飚临危受命，正式启动稻香村集团的数字化转型。

结合企业自身的特点，稻香村集团首先对组织架构进行调整，先后成立了财务中心、生产运营中心、营销中心、人力行政中心等部门，对业务进行集团式处理与管控。

在供应链上游供应商侧，稻香村集团对采购进行了升级。一旦产生需求，立刻与供应商进行即时互动，把采购计划同步告知供应商。随后，供应商统筹安排订单及备料。订单生产完成后，采购、质检、仓储、门卫等人员会在第一时间收到订单的批次信息，积极做好接货准备。这大大缩短了物流司机的等待时间，得到一线人员的认可。

对供应链下游经销商侧，稻香村集团提出了“1+3+1”战略设计，即一个营销中心，线上、线下、门店三种销售渠道，一个服务平台。这种战略设计的要点有两个方面：

1. 由营销中心对销售订单进行统一管理。在销售端，稻香村集团为经销商提供PC、移动等全终端支持，让他们可以随时查看订单执行情况、订单满足率等。这种全面、精准、即时的服务不但提升了稻香村集团的运营效率，也为经销商带来了巨大红利。

2. 与国内短信平台合作共创了“稻香村短信平台”，为经销商点对点地推送物流信息，以及预计的到货时间，从而帮助经销商及时处理统筹销售工作、提前做好接货准备等事项。

上述举措有利于经销商降低资金占用比例，提高资金及库存周转率，并大大降低了物流成本。从成本管控角度分析，经销商的总拥有成本（包括产品采购到后期使用、维护的成本）降低，不但提升了收益，也节约了社会资源，是一种良性的进步。

永不满足是稻香村人的精神，即使有天大的困难也要一路披荆斩棘，直到迎来胜利的曙光。正所谓“越努力越幸运”，说的就是这个道理。到了2020年，稻香村集团大刀阔斧进行改革，优化内部管理结构，推动企业信息化、数字化、智能化建设，提升企业整体管理水平和持续经营的能力，继续践行降本增效的经营理念。

为此，集团大力推行数字化办公方式，升级了采购、生产、销售、财务等各模块系统，利用自研的"稻香村报表平台"实现了从采购到仓库、从仓库到生产、从生产到销售、从销售到业务等全业务链条的数据化管理，为企业全面数"智"化成功转型奠定了基础。

任何变革都不是一帆风顺的，稻香村人迎难而上，始终根据经营实践不断推进数字化建设、优化系统管控，在持续精进中取得了非凡的成效。

从"数字化"到"数智化"虽然只有一字之差，执行起来却需要付出百倍艰辛和努力。实现数智化首先需要将业务流程数字化、人工操作过程智慧化，再通过技术或设备将二者进行组装或集成，既要保证工作不出纰漏，又要保证过程与结果正确。

疫情期间，信息技术部总监马尘飚带领团队对业务流程、操作过程反复研究，把销售出库单审核简易化，最后只需通过扫二维码就可以完成，极大地提升了工作效率。以前，每天完成这项工作需要2人3小时左右，现在只需1人20分钟就够了。

这个看似简单的改进，凝聚了技术人员的智慧与汗水。从系统改造、集成到业务流程调整，从二维码调试到扫码枪的适配，每一步都充满挑战，但是稻香村人交了一份令人满意的答卷。在此基础上，信息化团队继续优化供应链、财务等环节，都得到了良好的反馈。

目前，在天猫、京东等主流电商平台的糕点类目、月饼类目中，稻香村已连续多年销量领先。此外，稻香村集团依托10个现代化生产基地，在全国开设了800多家专卖店，产品远销海外40多个国家和地区。这些业绩都离不开稻香村集团的数字化、智能化转型。

在销售方面，数智化转型改善了客户关系，帮助稻香村与消费者建立起更直接、更有效的沟通方式，这种积极反馈无疑为后期营销提供了准确定位。所以我们看到，稻香村采取了一系列创新举措——产品更新、门店升级、直播带货、品牌跨界等，精准匹配消费者的新需求，为大家带来更好的消费体验。

稻香村集团数字化转型方面的突出表现可圈可点，也得到了行业认可。钉钉官方组织编写了《在线组织》一书，从1700多万家企业中甄选了来自零售业、制造业等11个领域28个有代表性的数字化“在线组织”，稻香村集团名列其中。

多年来，百年老字号的“数字化、智能化”转型一直是业界关注的焦点。稻香村集团以数智化助力国人幸福生活，走出了一条升级创新之路，真正实现了降本增效、永续经营的战略目标。

科技是保障食品安全的有力手段

随着经济全球化、产业链复杂化、技术迭代化，全球食品安全风险不断增加。如何更好地保障食品安全和营养健康，满足人们日益增长的美好生活需要，成为世界各国共同面临且亟待破解的难题。

新时代经济发展的大势下，站在新起点、面向新未来，我国食品工业将开启以科技创新保障食品安全与营养健康的新征程。

依靠科技手段保障食品安全一直是稻香村集团的宗旨，并为此付出了巨大的努力和资金、资源上的投入。例如在上一节中提到的稻香村集团山东公司的“焙烤食品加工过程中典型生物危害消减控制技术应用与示范”项目荣获中国轻工业联合会科学技术进步奖二等奖。

“中国轻工业联合会科学技术进步奖”代表了我国轻工行业最高级别的技术奖励，属于国家部级科技奖励，一直被认为是轻工业的“荣誉勋章”。此次获奖，证明了稻香村集团创新研发的能力和水平。

该研究项目整体处于国内领先水平，已经赶上并超越了国际同类技术的最高水平。2018年4月起，该项目取得的成果在稻香村集团山东公司进行应用推广，实施后平均每年为企业节约300万元。

注重科技研发，不仅是因为科技是食品企业的第一生产力，同时也因为科技是保障食品安全的有力手段。疫情期间，因为生产放缓，稻香村集团抓住时机对原有生产线进行了智能化升级改造，不仅提高了生产效率，还缓解了用工紧张问题，更为重要的是提升了产品生产的安全性。

周广军介绍，稻香村通过长期的培训、实践，让食品安全意识渗透到企业运行的方方面面，在原料选材、产品研发、生产加工、流通运输、售前售后等全方位严加把控，形成了一套独特的“稻香村标准”。

“食品企业在任何时候都必须把产品质量放在首位，通过加强供应链全流程的管控，保障人民群众舌尖上的安全。”这是周广军对所有食品企业的忠告，也是对稻香村集团不变的思想鞭策。因此，稻香村集团的食品安全控制从源头就紧抓不放，在全国各地联合建有7个原料供应基地，通过产地直采将优质原料输送到各工厂，从源头上保障食品产品的高品质。

在周广军看来，食品安全真正的源头并不是生产流程的发起端——采购环节，也不是生产之前的培训环节，而是在更前边的标准制定、遵守和执行环节。

周广军说："标准是保障食品安全的基础原则，首先要遵守国家的食品安全法律法规，要用国际国内标准去规范生产、把控品质，这个是不能逾越的底线。老字号企业要勇于承担责任，一方面完善自身标准体系，一方面积极参与行业标准的制定，引领行业进步，推动民族品牌参与到国际竞争中去。"

找到了食品安全的源头并没有让周广军满意，他要找到食品安全的根本。追溯到了根，才能从根源上断绝影响食品安全的一切隐患。

周广军找到了这个根吗？是的，就是道德。他说："道德是保障食品安全的责任自觉，老字号企业蕴藏着丰富的历史底蕴、文化内涵、传统技艺，积累的是百年的口碑和商誉，更是一代代人的生活记忆。如果没有道德的约束，损害的将是老百姓对于民族品牌的信任，尤其是对于食品企业来说，没有道德更无法立足，更谈不上长远的发展。"

与生产环节和标准相关的食品安全，可以用制定制度和奖惩机制来实现，稻香村集团始终没有放松对这两项的要求。但是，道德是无法通过制度和奖惩实现的，周广军给出的答案是用树立企业理念来实现。多年来，稻香村集团都在用"厚道做人、地道做事、成人达己、追求卓越"的理念来要求每一位员工，在食品安全管理方面逐渐形成了具有自身特色的管理模式，力求让政府省心、让消费者放心，让同仁敬心，与上下游、消费者、员工、社会共享发展红利，真正实现“每个好日子，都有稻香村”。

作为一家中华老字号企业，稻香村集团将持续传承传统技艺、传承工匠精神。“‘民以食为天，食以安为先’，食品安全关系到每个人的生命健康。”周广军表示，稻香村品牌在两个半世纪的持续经营中，始终以消费者为中心，把食品安全放在首位，坚守工匠精神和诚信经营理念，打造值得消费者信赖的老字号品牌，为人民幸福生活贡献价值！

第8章　管理闭环 | 高绩效组织成功的心法与干法

是企业家，也是思想家

在中华老字号企业中，稻香村集团已经走在了行业第一梯队，声名远播。但是，这家企业很低调，在集团总部看不到豪华的办公大楼，只能看到所有工作人员忙碌着，你甚至分不出来谁是管理人员。

董事长周广军的办公室同样陈设朴素简单，不像是一个大型企业集团总裁的工作间。来到这里的人，只注意到墙上悬挂着一幅苍劲有力的字：厚道做人，地道做事，成人达已，追求卓越。

谈到稻香村集团和自己取得如今的成绩，周广军的内心满是感激，却不敢有半点骄傲："我很庆幸命运的安排。在食品工业发展的历程中，记录着中华文化的千年底蕴，对我来说，是事业，是梦想，更是未来。从骨子里我就喜欢做这一行，乐此不疲。"

对于周广军那代人来说，干一行爱一行是最基本的准则。跨进大学校门的那一刻，他对食品工程的专业毫无兴趣，但既然来学了，既然接受了命运的安排，就一定要做好。带着一种"先结婚，后谈恋爱”的心态，周广军一头扎进了专业中。学着学着，居然学出了乐趣，进而学出了兴趣，直至学成了爱好，最终成为一生的信仰。

“用心做事，不仅是一个方法、更是一种态度，就是真诚和专注。”这是周广军对自己心路历程变迁的诠释。

大学毕业，周广军被分配到济宁糖果厂工作，还是一样的用心，一样的真诚，一样的专注，一样的致力于做好自己的本职工作。他一步一个脚印地在技术员、工程师、厂长等岗位上一一历练，带领这家小厂走上了大成之路。

周广军带给济宁糖果厂的理念是向管理要效益。无论经历过多少次公关大战，经历过多么残酷的降价大战，竞争的浮躁之后，硝烟散去才能发现无序的竞争带给企业的只有损耗。对于经历过20世纪80年代的“胆子时代”和90年代的“点子时代”的周广军，深深明白有效管理的重要价值。即便是迁任“中国焙烤食品糖制品工业协会常务副理事长兼秘书长”的职位后，他也一直没有放松对管理企业的进益。

协会秘书这个位置让周广军以拓展性的视角更全面地审读了中国食品行业，“作为协会秘书长，我深度参与了中国不少食品企业转型的进程，为它们的发展助了一臂之力”。

周广军投入了大量的时间和精力去分析和研究，一边负责协会工作，一边研究企业发展。两线作战，精力显然是不够的，“我慢慢意识到，自己内心更渴望的是参与到企业创造中去”，最终他做出了忠于内心的选择。

2014年，周广军走进了苏州稻香村食品有限公司执行董事的办公室。此时的他已经积累了大量企业经营的独到见解，具备了企业家应该有的胆识和魄力。就在外界都等着周广军带领的稻香村集团会有什么大动作时，周广军却异常冷静，他认为老字号企业想在新时代走出属于自己的路子，必须先消灭一种思维和预防一种思维。

1. 需要消灭的思维是“我老，我有理”

周广军解释说：“不少老字号企业眼下做不好，最大的问题是心态不对。总觉得自己产品好、资历老，曾是中国最牛品牌等，市场份额是有保证的，于是不去用心经营创造，当市场出现问题却不断抱怨，希望让政府扶持。我认为，政府对老字号的最好扶持，就是让他们进入市场，公平竞争。”

2. 需要预防的思维是“必须做爆款”

周广军解释说：“对于一个企业家来说，制造了什么热销商品，的确可以算是一种成功。但是，能做到把更多的文化价值放在商品里，赋予它更多内涵，引领行业……那种自豪感，才是成功企业家的底气与自信。”

所以，老字号也是当代社会的企业，需要具有现代企业思维，不能躺在旧功劳簿上等、靠、要。但老字号也不能丢弃自己的“老资格”，因为同时肩负着一种文化使命，这是不可估量的商业价值。老字号也需要做爆款，但要附带独特的文化因素，让爆款不再是“快闪”。

如果企业领导者不具备上述必须消灭的思维和必须预防的思维，就会在制定企业战略时以对比性策略展开竞争。所谓对比性竞争，就是与政策、市场和社会因素相比，企业领导者更多关注同行竞争对手的经营情况，根据竞争对手的经营数据制定自己在产品、技术等方面的竞争战略。

周广军认为对行业的认识和了解不能只盯着竞争对手，“心中要有整个行业的格局，我原来感受不到以前工作经历对我判断趋势的影响，别人会认为你看问题和分析问题的角度不一样，觉得你更了解行业的趋势点，国内外都了解。所以你看，可能这些格局和分析问题的角度都会跟我现在的（企业）管理有关，我可能更关注行业内的新信息”。

正是多年的协会工作经验，使得周广军在制定产品战略时，能够从行业整体产品结构变动趋势来考虑，稻香村集团就是在这种理念的引领下才专门成立了休闲品部门，使休闲品成为公司内除季节品月饼之外的第二主打产品。

周广军始终强调要从行业整体切入来制定和调整经营战略，因为企业经营离不开行业的时代性，必须与行业发展同频。他坦言：“真正的有远见的企业家敢于自我蜕变，不要像时下人们所说的那样‘当你打败了强大的竞争对手，却输给了这个时代’。”

作为企业家，周广军是优秀的。他强调“不管做人还是做事，都应该有成人达己的思维。小胜靠智，大胜靠德”，懂得利益共享，是贤人的作为，只有这类人能带领大家共赢，成为时代的引领者，“只追逐眼前利益的人，是常人所为，一般几年后就看不到他们的身影”。

初识周广军，他着装简单、表情内敛，说话时带着几分谦谦之风，对于问题的理解深思熟虑，沉稳中透着儒商风范，他不仅是一位企业家，更是一位思想家。他相信：“像宝马、奔驰、可口可乐这样的公司，未来一定会在中国诞生。而引领中国传统食品业，就是我的使命。”

大力推行标准化流程管理

质量是企业的生命线，产品质量关系着企业的效益，关系到市场竞争的胜负，关系到企业的生存与发展。质量工作没有最好，只有更好。

质量问题，是一个系统的过程，包括研发、采购、生产、储存、运输、销售等问题的过程集结。要从问题的源头来定义，而不是将之笼统地冠之以“质量问题”。

解决质量问题的基本原则是“质量的系统是预防而不是救火”。一个以预防为主的质量管理系统，必须包括三大子系统：质量检验系统、质量保证系统和质量管理系统。

质量检验系统的核心是科学衡量，依据严谨的标准要求，检验正在生产的产品是否在可控范围内；质量保证系统的核心是操作标准，指导员工如何做事，如何做对事，以及在什么时间做对的事；质量管理系统的核心是操作人员，他们的安全意识、专业能力和责任意识决定了能否生产出合格的产品。

想要建立以预防为主的质量管理系统，必须确保企业的每个业务过程，即每个部门、每个岗位、每道工序，都能符合三个子系统的要求。如何能在企业内部进行全方位的规范呢？唯一方法是推行标准化流程管理。

用科学的标准规范产品的生产流程和品质，用先进的科技帮助企业达到标准规范，这是稻香村集团董事长周广军对于标准化的定义，“现代糕点企业的生产全流程，都需要科学技术的协助”。

标准化流程管理，是规范企业的管理行为，提升企业的管理能力，改进企业的管理质量，提高企业的管理效率，明确各部门的管理责任，增强企业的执行力，促进企业管理水平和服务质量上一个新台阶。

近些年来，稻香村集团从管理、工艺、技术研发等方面制定了严格的管理标准和执行流程，严抓每一个环节，严控每一项数据，形成业界领先的“稻香村标准”体系。

稻香村集团现已拥有10个现代化生产基地，引进国内外先进设备和技术，建成100多条现代化生产线，最新的生产线已经实现自动化、智能化生产。

稻香村集团从源头控制产品质量，建有七大原料供应基地，实现原料的全程可追溯。并制定了严格的采购供应管理培训和供应商管理办法，对原料供应商进行分级分类和定期评价，建立合格供应商名录，从“确保有供应材料”“最低价”的低层次管理上升到“全成本”“全面增值”的高层次管理。

采购供应管理培训内容分为采购策略、方法制度、执行流程、职责权限等。通过学习和讨论，员工认识到采购管理不只是关注价格，也要熟悉产品的配料、工艺、设备等关键信息，还要全面深入了解供应商的背景信息、动态信息，与稻香村的需求匹配情况、到货及时率等。

为将采购环节、研发环节、生产环节串联起来，并将之与质量管控有机结合，稻香村集团采用先进的U8后台数据录入系统，通过统计分析系统数据，及时掌握质量控制情况。

稻香村集团不断提升质量管理水平及质量发展能力，通过每年一度的企业内审及管理评审验证结果得出，公司产品质量处于可控状态，产品出厂检验合格率100%。

稻香村集团的产品质量严格按照国家相关标准执行，取得糕点（GB7099，包含月饼GB/T19855、粽子SB/T10377）、饼干（GB7100）、炒货食品及坚果制品（GB19300）、元宵（GB/T23500）、蜜饯（分装）（GB/T10782）、水果干制品（分装）（NY/T948）、薯类和膨化食品（GB17401）、方便食品（Q/SDS0001S）、速冻面米制品（SB/T10412）、糖果（硬质糖果SB/T10018、凝胶糖果SB/T10021）、熟肉制品（GB2726）等产品的食品生产许可证。

稻香村集团注重食品质量安全管理体系建设，通过了中国质量认证中心（CQC）颁发的ISO9001：2015及HACCP体系认证证书。依据ISO9001：2015和ISO22000：2005食品安全管理体系中GB/T27341-2009及GB14881-2013标准的要求，依据HACCP原理、糕点生产卫生通则等相关法律法规，结合实际情况，形成了“诚信为本、安全至上、优质高效、追求卓越”的质量文化，为消费者“舌尖上的安全”保驾护航。

此外，稻香村集团在产品检验、计量管理、现场管理、人员管理等环节均形成了成熟的、完善的、标准化的管理流程制度，以保证持续输出优质产品。

稻香村集团没有发生过任何严重的质量安全事故，信用度良好。获得市级工业园区工商管理部门颁发的“重合同守信用企业”证书，多次获得中国食品行业工业协会颁发的“企业信用等级AA级”证书，被食品行业协会授予“江苏省质量安全放心食品生产经营单位”“食品行业标杆企业”“全国糕点月饼质量安全优秀示范企业”“消费者放心长效管理先进示范企业”“全国月饼质量安全优秀示范企业”“全国产品和服务质量诚信示范企业”等称号，被

稻香村集团在北京生产基地举办"中外联谊·共度中秋"活动

联合资信评估公司授予“AAA级信誉单位”的称号。

多年来，稻香村集团践行“标准至上，流程严谨”理念所取得的成绩，不仅在国内得到了广泛认可，在国外也同样获得了认可。

2021年9月15日，来自俄罗斯、土耳其、韩国、墨西哥、摩尔多瓦等多国驻华大使馆的外交官及政府代表，以及外国驻华媒体，在稻香村集团举办“中外联谊·共度中秋”活动。

本次活动设置了互动体验环节，从参观生产线到亲手制作月饼，稻香村集团给这些不太了解中国传统文化的外国人带来一份特别的中秋体验。

在现场，各国外交官和政府代表以及媒体代表纷纷下场体验，这可能是他们一生中第一次亲自做中国食品。相比于高难度的传统做法，这些外国友人更希望借助机器来完成这不可思议的“第一次”。伴随着“呲咚呲咚”机器运转的嘈杂声，发酵好的面团进入模具，再出来就成为一块块白色的月饼。它们在经过两次烘烤后，进入冷却塔降温，再进入包装区，精准地落到一个个托盒里。看着只经过发酵这一道手工工序，就在机器的全程帮助下变得能够入口即食的月饼，他们非常兴奋。月饼由面团变成饼状，中间还装入了馅；面食由生到熟，全程火候都有机器掌控。在吃过手工月饼和机器月饼后，这些外国友人纷纷叹服，他们无法区分出差别，纷纷表示机器好像被植入了人的灵魂一样。工作人员向他们解释可以这样理解，毕竟是由人一遍一遍不断调试，才终于让机器做出的月饼和手工做出的月饼味道统一。

摩尔多瓦驻华大使贝拉基什·杜米特鲁说："看到整洁的生产线上工作人员忙碌而有序地工作着，我不禁想起了我国以及欧洲的食品加工车间的场景，希望未来两国之间从技术、管理、贸易等多个领域展开交流与合作。"

俄罗斯驻华商务代表处副代表阿列克谢·叶菲莫夫说："稻香村车间的安全质量管理让我印象深刻。俄罗斯也是生产糕点的大国，在中国也有不错的市场，包括俄罗斯一直以来向中国出口制作糕点的面粉等，希望未来和稻香村在原料供应方面有所合作。"

如果不是要给在场的外国友人食用，这些月饼将在落到一个个托盘里后，被装上袋，成为人们可以在市场上买到的月饼。在标准化流程下，一块月饼的诞生只需要一分钟。

全力推行的标准化流程管理，极大地提高了稻香村集团的管理效率，降低了运营成本，提升了企业形象，最大限度确保了企业的可持续发展。

随着消费者对稻香村品牌的认可，线下连锁门店的需求日益增多。为了让经销商方便快捷地开店，并开得久，稻香村集团走的还是标准化流程管理的路子。企业内部成立“连锁事业部”，制定出一整套优化后的全新的门店开设流程、制度与岗位说明，并帮助加盟连锁门店梳理具体的岗位职责，制定好应遵守的规范流程，利用钉钉数字化办公平台将职责和流程进行固化。此外，为更好地为门店提供服务及数据支持，稻香村集团与第三方合作，对收银系统进行了统一的升级，云升级为云POS，可为店长与店员提供快捷的数据支持。

稻香村集团坚持“以人为本、管理创新”的经营理念，秉承“服务顾客、有求必应”的服务承诺，以强化企业的人性化、规范化、制度化、程序化建设为目标，通过全面推行标准化流程管理，切实提高企业的管理效能，促进企业的管理水平和服务质量上一个新台阶。

电商业务推动企业信息化变革

按照国家发展战略的统一部署，以“创新、协调、绿色、开放、共享”的发展理念为指引，营造政策环境，完善应用环境，明确了依托“互联网+”加快企业信息化转型升级，这激起了各行业加快信息技术应用的热潮，形成了线上线下互动融合发展的共识。

在创新发展、转型发展、协调发展上，涌现了一批典型企业和成功做法，大幅降低了企业运营成本、提升了管理效能，加快了企业的现代化进程。稻香村集团就是典型企业中的一员，走在了信息化变革的前列。那么，稻香村集团的信息化变革是怎样进行的呢?

随着互联网的发展以及人们不断增长的信息需求，“电子商务”

与“企业信息化”逐渐成为被关注的焦点。二者究竟是怎样的关系？是分拆单独来看，还是有机结合在一起？企业是应利用电子商务推动信息化，还是应利用信息化完善电子商务？

稻香村集团董事长周广军认为，信息化变革是在电商业务发展的推动下进行的。答案很明显，企业应利用电子商务来推动信息化变革。更为准确地说，是企业利用电子商务和信息化有效提高自身的生产效率和管理水平，更灵活地应对环境的变化，更好地服务客户和满足市场需求。

强调“以电子商务推动信息化”，是结合电子商务的特性得出的结论。电子商务充分利用网络技术，突破了传统交易模式受时空以及信息制约的瓶颈，给现代企业的运营带来了新的思路和前景，同时也给企业信息化带来了前所未有的机遇。电子商务是企业信息化建设过程中的“高级阶段”，也是企业信息化建设不断扩展和深入的结果。

作为一家老字号和传统企业，实施信息化既是一件具有开创意义的事情，也是一件不得不去做的事情。因为稻香村的集团化发展需要信息化的支撑，企业必须加强管控和协调各厂生产。

事实证明聘请马尘飚的决策是正确的，他的到来让稻香村集团的信息化发展水平实现了从弱到强、从低到高的跨越。

在马尘飚入职前，稻香村集团整体信息化程度比较低，七八个工厂都是单体组织，没有做到统一的信息化管控，各个工厂都是“自扫门前雪”。在他入职后，通过他与所在团队的共同努力，企业整个信息化推进从规划到落地只用了四个月时间，从2018年2月开始，到7月基本完成。信息化的规则适用于所有公司，总公司和其他分公司实现了完全联结。推动进程的就是电商业务的高速发展，门店渠道和新媒体电商都做到了一定规模后，信息化也就水到渠成了。

稻香村集团第一批参与信息化变革的主要是五个分公司，苏州、北京、山东、金乡、菏泽。沈阳也有布局，但因为是合资，情况比较特殊。

当前，稻香村集团的主业务流程已经实现了采购、生产、销售和渠道环节的信息化，支持业务流程实现了财务模块的信息化，初步打通了全价值链内各个主业务流程的信息化管理。

稻香村集团信息化战略规划地图

（注：上图中的供应链包括采购和生产，是稻香村集团内部的业务流程划分方法。本书中的供应链通常是指产品从商家到用户的过程，涉及原材料供应商、物流和仓储服务提供商、分销商和最终用户。）

由上图可以看出，业务支撑平台包括ERP、销售云平台和智能化三部分。信息化战略的规划以满足用户需求为最终目标，业务流程信息化主要通过三个信息模块实现：基于ERP平台的财务、供应链、销售、HR、资产、资金、费用、质量的信息化；基于销售云平台的经销商管理系统（DMS）、客户关系管理（CRM）、电商、门店的信息化；基于智能化的智慧生产，包括仓储管理系统（WMS）、运输管理系统（TMS）的信息化。

地图最底层的部分是基础，包括沟通平台钉钉，阿里云的企业邮箱，电信联通的网络融合，还有消防安全防火墙。公有云主要是为门店服务（云桌面和私有云已于2020年完成建设）。

结合稻香村集团信息化战略规划地图可以看出，稻香村集团的信息化建设仍将继续，未来的信息化建设主要包括完成在建模块和现有模块的服务升级，比如支持业务流程的信息化（人力、金融管理）和智慧生产，特别是应用物联网技术实现设备与设备之间的连接。

不可否认，电子商务对企业信息化建设的全面实施起到了推动作用，而企业信息化也进一步推动了电子商务的发展。像稻香村集团这样的大型现代化食品企业集团，实现了自动化、信息化和电子商务活动充分融合，并以信息化与电子商务的合力助力企业发展。

大数据助力精细化管理落地

随着互联网技术的不断进步，市场环境发生了翻天覆地的变化，诸多产业迎来了新的发展机会，也对企业管理提出了严峻挑战。面对信息化、数字化、智能化的趋势，稻香村集团主动顺应时代发展需求，坚持以消费者与客户需求为中心，探索利用大数据改善组织管理。

目前，稻香村集团在全国范围内有10个现代化生产基地，建有7

大原料供应基地，拥有100多条国际领先的全自动化生产线，这些生产中心和生产线每天会产生海量的数据。如何把数据利用起来，有效发挥其价值，是高层决策者时刻思考的问题。

根据管理需要，稻香村集团针对不同的业务特性制定了不同的数据标准，比如存货名称、存货编码等归为基础档案，采购计划、客户订单等称为业务数据。不同的数据有相应的具体的操作标准，经过长时间的数据整理、归类和分析，稻香村集团研发了一个“报表平台”，从采购到仓库，从仓库到生产，从生产到销售，从销售到财务，可以进行全业务链的数据分析。

在这个平台上，管理者可根据需要查看稻香村集团的日销售、客户订单的满足率、订单未满足等情况，对特定信息进行跟踪调查，还可以通过图表的形式获得更为直观的了解。报表平台上线以后，直接打破了业务与财务各自为战的局面，实现了部门协同化、“数据标准化”，并直接带动了工作人员的技能升级，提升了组织管理水平。

为了实现高效生产，稻香村集团针对传统渠道物流配送效率低下的情况，利用大数据分析工具，从历史数据中寻找解决问题的方法。通过对提货频率、配送位置及距离、整体运费等多个要素进行综合分析，稻香村集团有效改进了客户提货管理服务，大大缩短了物流配送周期。

比如，稻香村集团的物流部门统筹车辆进厂时间，统一调配装卸，从而减少车辆等待时长，提高了车辆运力。同时自研了“稻香村服务中心”平台，可以让客户随时通过微信查看订单进展，了解物品批次明细等信息。在大数据的帮助下，稻香村集团秉承为客户全方位服务的理念，在不增加客户成本的基础上保证货物及时、安全送达，让精细化管理有效落地。

“工欲善其事，必先利其器”，大数据管理及其应用已经成为当下企业管理者的重要技能。在日常工作中，企业管理者对企业海量的数据进行整理、归类、分析，从中获得有价值的情报，并对管理工作给予指导，显得愈发重要。比如，通过分析各种数据，管理者列出问题优先处理表，并要求部门负责人员提出解决方案，就能在快速发现问题的基础上提出解决之道，从而提升工作效率。再比如，电商客服人员与消费者密切接触，第一时间得到用户的反馈意见，他们可以把这些信息分类整理，为上级主管部门提供有价值的商业情报，为决策提供依据。

挖掘大数据的价值，从概率角度能极大地提升管理与决策的精准度。计算机、通信技术、网络应用的飞速发展使得这种想法不再停留在梦想阶段。除了建立信息档案外，还要重视信息的利用，也就是通过对信息的分析、汇总，得出有价值的情报，进而科学决策。

董事长周广军说：“网购数据对我们的经营做出很大的指导性。互联网的信息反馈和大数据，能够指导我们的产品开发，促进产品的更新换代，促使整个企业的经营思维和理念有很大改进。及时反馈和对消费者体验的重视，都对企业起到非常大的促进作用。”

近年来，稻香村集团坚持动态调整组织机构，适应市场变化与业务发展需要。这一决策来自市场数据的推动，特别是电商平台的数据赋能。比如，稻香村集团在经营中发现，休闲食品在线下渠道中占据了主流，公司门店和销售部门得到的数据都证实了这一点。于是，决策层果断成立了休闲品事业部，在满足线下门店业务需求的同时，有专人大力深耕线上这一销售渠道。

再比如，稻香村集团在全国有800多家专卖店、商超专柜及海外渠道，这些年积累了海量数据，营销部门通过数据分析，可以精准地了解消费者的需求是什么，由此以消费者为中心推动了稻香村集团的产品创新与变革。“稻香村电子商务营销体系”就是高效科学地利用大数据的成果，这一系统在食品行业处于领先地位，稻香村集团可以利用大数据对用户消费行为进行分析，并以此指导决策，结果连续多年在京东、天猫等电商平台实现了糕点、月饼类目销量第一。

企业高质量发展已成为共识，稻香村集团要积极推进企业智能化、科技化、数字化转型，服务好广大客户和消费者。在稻香村集团，借助大数据整合、分析，企业管理已经日益精细化，有效提升了运营效益和组织效率。

集团化作战提升企业势能

稻香村的历史可以追溯到清朝前期，在两个半世纪的风风雨雨中，经历过很多调整与转型。

20世纪90年代，周广军还在中国焙烤食品糖制品工业协会任职。他看到，在从计划经济到市场经济的改革过程中，很多国企陷入了困境。“历史包袱很重，管理机制也不行”，当时苏州稻香村的境况是，一个在职工人要养三个退休工人。稻香村无论是从行业影响力，还是历史文化底蕴来看，都是一个不错的品牌。如果不进行有效变革，很可能被新时代的商业洪流吞没。

2004年，股份制企业苏州稻香村食品工业有限公司成立，“稻香村”此前注册的商标同时转至新公司名下。同年，保定稻香村亦将其“稻香村”商标依法转让给了苏州稻香村。从此，在苏州的稻香村集团正式成为将发源地、历史文化、苏式糕点技艺、商号和商标完整知识产权融为一体的中华老字号企业。

但是，这种融为一体仍然是单一发展模式，已经不能适应当代生产规模与市场变化，稻香村必须以集团化发展模式成为现代化大型食品企业。

2005年，稻香村立足苏州，面向全国开启集团化布局，并通过合资或并购的方式，在品牌、工厂、销售、人才等方面对部分其他“稻香村”进行集团统筹下的资源整合和统一管理。从一个个相对独立的公司到集团化发展，稻香村集团在品牌塑造、对外合作等方面都有了更大的势能。尽管现在全国仍有多个相互独立的稻香村品牌，但周广军保持着开放的心态：“我希望大家共同把稻香村这个品牌做大。”

近年来，稻香村进入了集团化发展阶段，也进入了快速发展期。稻香村集团的规模、产能、技术、产品、营销等方面的创新能力位居行业前列，已发展成为闻名中外的大型现代化食品企业集团，成为中华老字号创新发展的典范之一。

目前，稻香村集团在全国拥有10个现代化生产基地、7个原料供应基地、3个研发中心、100多条国际领先的自动化生产线，以完善的质量标准与保障体系、科学管理体系，确保生产的专业化、标准化。

在集团化发展战略的指引下，周广军在布局全国的过程中不忘带动地方经济发展。2014年11月7日，山东稻香村食品工业有限公司成立。经过多年发展，公司拥有26条国内外现代化生产线，并先后通过QS、GMP、HACCP、ISO9001等多项认证，成为带动当地经济发展的一名尖兵。2022年6月，稻香村集团山东公司成功入选山东省级绿色工厂。而周广军本人则担任菏泽市人大代表，成为山东省五一劳动奖章获得者。

稻香村集团的高速发展让那些悬挂着“稻香村”光环的“李鬼企业”、那些傍大牌的山寨企业、那些假冒名牌产品的生产企业望尘莫及。

稻香村集团所获的各项奖项和称号无数。集团先后荣获金箸奖2017年度、2018年度、2019年度“中国食品标杆企业”称号，“2018—2019食品安全诚信示范单位”称号和管理创新优秀案例奖，“国际艾奇奖·中华老字号十大创新企业”，“2019—2020食品安全诚信单位、社会责任企业”称号，2019年“中国改革开放40周年焙烤食品糖制品产业领军企业”“中国焙烤食品糖制品行业（糕点）十强企业”称号，2020年成为全国首批“品牌评价国际/国家标准应用示范单位”之一，被中国轻工业联合会授予2020年度“中国轻工业二百强企业”（第104位）、“中国轻工业科技百强企业”（第99位）及“中国轻工业食品行业五十强企业”（第31位）称号……

由一系列荣誉可以看出，稻香村集团的综合实力及其创新发展思路获得了行业的全面认可。

融合管理让企业走得更远

稻香村已经从苏州走向全国，又从全国走向世界，关于这家老字号的未来，稻香村集团董事长周广军有着清醒的认识。

作为稻香村的发源地，苏州有产生精致文化的基因，苏式糕点的核心特点是工艺苛刻、口感细腻。有记载称，当年苏式糕点北上之后，一些北方的粗糕点被打得溃不成军，市场一度以南派的苏式口感为标杆，这为苏式糕点奠定了良好的受众基础。正因为有这样良好的口碑基础，“有专家分析说稻香村做得好就是因为基因好”，但周广军认为这样的分析并不全面，稻香村做得好绝不只是“老字号”传承下来的工匠精神和传统技艺在发挥作用，与时俱进的现代管理基因同样发挥了重要作用，甚至在当下发挥着决定性作用。

比如计划经济时期，稻香村的管理层文化层次都已经达到高标准，高层管理人员多数是大学毕业。

凭借优秀的基因，今天的稻香村集团已经成为大型现代化食品企业集团。但是它并未因此沉浸在品牌优势中，而是在继承传统工艺的同时，根据消费者需求随时调整产品及服务。这种与消费者之间的良性互动，最能够打动消费者。

“未来，稻香村会打造一个平台，以便让我们的上游下游和员工有一个好的协同机制，充分发挥各产业环节的潜能。”身为山东人，周广军看起来不像其他老板那样雷厉风行，做事比较低调谦和，善于把握市场趋势，实现管理目标。他对稻香村集团的未来发展已经有了清晰的脉络。进行并加强融合性管理，是稻香村集团必然要走的路。周广军表示：“我们会秉承着一颗为消费者负责的心，将产业链再往前端延伸，深入农田，从种植开始介入，对每个环节形成掌控，从源头开始支撑品牌溢价。”

虽然，对稻香村集团乃至中国消费企业来说，这条路还很长。但是，稻香村已经起航了，途中的一切艰难险阻都不能阻止一个老字号要在新时代砸下深刻烙印的决心。

周广军在稻香村集团实施融合管理的核心一环是进行信息化变革，通过信息化建设深刻影响企业。只是信息化的实施遇到了很多阻力，且在某些阶段非常突出，周广军也感受到了极大的压力，但他最终带领稻香村集团通过“领导推动+市场导向”的双重牵引力，将稻香村拉到了信息化的轨道上。

起初，各分公司在启用信息化系统时，都是不情愿的，因为员工不习惯使用。例如，原本都是手工记账，现在必须在系统内记账，要做到系统、手工账和实物相符，工作量一下子增加了，工作难度也增强了。在用不好、用不习惯的时候，员工根本不能感受到这套系统将给工作带来怎样的便利，只是觉得是一种负担。

将各种抱怨汇总起来，就能知道产生阻力的根本原因是对信息化的理解和认识不到位，进一步放大了组织管理惯性和员工工作方式惯性给企业实施信息化带来的阻力。此时需要一把手能“屏蔽”下属的抱怨之声，坚定决心地推行信息化建设。企业一把手周广军、各分公司的一把手和各部门的一把手，要统一思想，坚定信心做这件事。

当员工度过了坎坷的学习阶段，到了能够正常使用的阶段时，大家就能感受到信息化的好处了。例如，在手工记账时期，如果会计离职了，交接难度堪称地狱级。信息化后就不存在这个问题了，相关业务都是通过系统在运转。后来，信息化部门设计了不同的表单，以辅助领导者借助数据进行管理，让管理有了更明确的方向。

渐渐地，信息化的运营越来越熟练，越来越广泛，在企业流程管理、人力资源管理、生产销售管理等方面都起到了关键性推动作用。

下面再说说以市场导向带动信息化建设。当某项需求很多时，就需要考虑自身的产能和匹配度，既要考虑下属各工厂的情况，也要考虑协作厂的情况，还要考虑供应链的情况。在没有实施信息化时，这些工作即便做了也做不到位，甚至根本就没办法做，很多决策的制定就靠领导者的经验和实施过程中的不断调整，决策风险很大，实施过程也不顺利。

例如，传统项目即便是线上销售，也难以知道销售的全貌，对企业而言，消费者心理、消费行为背后的隐藏动机等都难以琢磨，因此对供应链的要求并不高，只需要看合同和销量采购、生产即可。但在实施了信息化后，数据被整合出来，能够更直观地看清消费者的消费心理和消费行为背后的隐藏动机，等于直面消费者了，整个生产销售流程的反馈更加及时，对供应链反应的要求比以前高了很多，虽然竞争更加激烈了，但实施信息化的企业的竞争力更加强大，参与竞争反而更容易了。

现在，稻香村集团信息化建设引起的最大变化是管理者思维和工作流程的变化，已经体现出了解放生产力和提高效率的良好趋势。目前，稻香村集团上上下下已经离不开信息化系统了，因为一旦离开了，大家都不知道该怎么做事了。

稻香村集团实施融合管理的成绩集中体现在供应链中心。该中心以整体需求和目标为着眼点，以工作实际需求为出发点，以实际行动为企业保驾护航。工作涵盖了原料采购、生产计划调控、设备运行、品质保证、售后服务等。

供应链中心采购部与各工厂紧密联系，深入对接，根据随时变化的计划信息与库存数据，及时调整订单数量、计划量等，并保证工厂对接部门第一时间掌握详细信息，以便一线生产调整生产计划、合理安排人员与物料。

供应链中心品控部提前与研发、设计等部门协调合作，包装标签稿件、评估法规合规性，为避免法规风险提供支持；与集团其他部门及各工厂良好互动、信息共享，及时掌握原料需求变动和质量要求，根据实际需求开展对主要原料供应商的驻厂监督工作。

供应链中心设备部提前对设备运行情况进行摸底，并开展生产设备保养工作，配合各工厂进行生产准备工作。

供应链中心盯紧总公司的目标，坚决拥护和完成公司制定和下达的各项目标与决策，各部门发挥自身优势，统一行动，为一线提供优质保障。

稻香村集团的发展愿景是成为中式糕点的符号，让消费者一想到糕点品类时第一个就能想到稻香村。这必须依靠融合管理来实现。“相信时间，相信科技，相信道德，”稻香村集团董事长周广军说，“要使产品服务和技术理念达到一个大家信赖、骄傲、崇拜的境界，让大家提起你来，就像德国人说起奔驰、宝马一样觉得光荣。”

第9章　产权保护 | 反不正当竞争是一场持久战

成长的烦恼：“稻香村”商标之争

众所周知，1773年（乾隆三十八年）创始于苏州的“稻香村”，经过两个半世纪的有序传承和创新发展，已经成为中国糕点行业的一面旗帜。

早在1983年、1989年，苏州稻香村分别申请注册了“稻香村”商标，在商标国际分类的第30大类3006小类，核对范围包括饼干、果子面包和糕点。2013年，糕点类“稻香村”商标被国家工商总局认定为“中国驰名商标”。作为国家认定的首批“中华老字号”，苏州稻香村当之无愧拥有“稻香村”的纯正血统。

如今在北京，也有一家稻香村，据说始于1895年，后来因多种原因于1926年停止营业。1983年，已经退休的东城区工商联副主委刘振英创办“北京东城区稻香村南味食品店”，也就是今天北京稻香村的前身。苏州大学社会学院历史系教授、国家清史工程项目专家李峰在《老北京“稻香村”诸字号考辨》一文中考证得出结论：“今日的‘北京稻香村’作为一家全新的现代食品企业，与历史上北京的‘稻香村’老字号没有任何渊源和延续的、明确的承继关系，所谓从郭玉生、汪荣清和朱有清等再到刘振英的五代乃至六代传承谱序也是编造的、错误的，完全不能成立。”

2003年至2008年期间，苏州稻香村两次授权北京稻香村使用糕点类“稻香村”商标。

期间，北京稻香村不断尝试突破，2008年起，北京稻香村开始申请注册“北京稻香村”商标，最终在2015年注册成功。随后，北京稻香村要求苏州稻香村不得在包装等方面使用手写体“稻香村”字样。于是，双方在多地就“稻香村”商标及文字进行了多次沟通。

由于历史遗留问题，老字号企业存在商标纠纷比较常见，苏州稻香村的遭遇极具典型意义。对此，著名知识产权专家刘春田教授在《法律适用》杂志2019年第3期《知识产权司法的大国重器》一文中就“同案不同判”引用稻香村案例时说：“此案本质是‘稻香村’商标权的归属问题，归根结底是同案不同判问题。‘稻香村’可谓食品界的‘同仁堂’，清、民国、新中国三朝老店，誉满天下。……当下的两家‘稻香村’商标使用者，谁是首创，谁是搭车，孰先孰后，谁是香火不断的拥有人，谁是浑水摸鱼、利用超法治手段攫取‘名分’的伪权利人，谁是老实本分的生意人，谁是欺世盗名的‘套利者’，谁是合理合法的权利人，谁是张冠李戴的搅局者……历史渊源，来龙去脉，如同和尚头上的虱子，一清二楚。”

中华商业联合会老字号工作委员会副主任兼秘书长张健认为：处理老字号之间的纠纷，第一要尊重历史；第二要遵守契约精神和诚信原则；第三，遵守《商标法》中“保护在先权利”原则；第四，公平竞争，正当竞争。

显然，苏州稻香村作为“稻香村”这一品牌的创立者与继承者，天然享有相应的权益，并且这种权益不容侵犯。

2022年9月，“2022中国品牌价值评价信息”对外发布，稻香村集团凭借182.77亿元的品牌价值领跑众多老字号企业，位居中华老字号榜单第五，显示了强大的竞争力。

从时间的维度来看，创立于1773年的苏州稻香村无疑是稻香村品牌的真正源头和创立者，是稻香村品牌的率先使用者。

此外，现实的经营状况更有说服力，苏州稻香村无论从规模还是专业度上，都是处于行业领先地位。据公开资料显示，北京稻香村主打北京及周边市场，有200多家连锁店；苏州稻香村有800多家专卖店，已经走向了全国，并且产品出口到美国、澳大利亚、德国等40多个国家和地区。北京稻香村主打京味，除了苏式糕点之外还涉足熟食、包子、鲜肉等诸多副业品种，苏州稻香村则专注于苏式糕点的研发与生产，融合各地帮式特色，成为中式糕点的集大成者。北京稻香村有1家工厂，苏州稻香村在全国有10家工厂。

老字号是祖先留给我们的宝贵财富，传承匠心技艺与美食文化，需要像苏州稻香村一样既有专注精神，又能勇于开拓创新，带领老字号进入新的发展天地，为中国品牌崛起贡献力量。

将知识产权保护进行到底

企业仅有专利技术或者创新能力是不够的，还要有自己的品牌，有可持续发展的理念，不能盈利了就转移，更不能“打一枪换一个地方”，这样浮躁的经营方式会导致专利技术和创新成果无法发挥作用。

今天，企业必须具有知识产权意识，明白知识产权是拓展市场和守住市场的有力武器。无论是在国际市场，还是在国内市场，如果没有知识产权，就等于赤手空拳上战场，要面对的却是对方的枪林弹雨，非伤即死。

长期的历史沉淀，积累了优秀的历史底蕴和良好的用户口碑、商誉，加强知识产权保护意识，无疑有利于保护老字号品牌，推动老字号企业健康可持续发展，将老字号的经济价值、社会价值、历史文化价值充分发挥出来。

见证了中式糕点两个半世纪传承发展的稻香村，凭借深厚的文化底蕴，积累了良好的商誉，其商业价值、文化意义不可估量。于是，“傍名牌”现象层出不穷，许多“山寨稻香村”也频繁出现在市场上。到了清末民初，正宗稻香村虽身处苏州，却名闻天下，其模仿者始终没有停歇过。当时，仿“稻香村”的商业行为成了一种风气，傍“稻香村”名字的店可以在短时间内火遍全国，因此人们为逐利纷纷造假。

为了应对模仿者和造假者，稻香村一直标榜在苏州“只此一家，并无分出”，并将“稻香村”作为字号和商标持续使用在店招、门头和产品包装上。可以说，稻香村的知识产权意识已经非常超前了。但是，伪冒“稻香村”字号仍然靡然成风。彼时，“稻香村”的牌号几乎遍及全国各地，于是稻香村不得不被迫开展打假活动。1879年，稻香村在《申报》上首次刊载反对伪冒字号的《声明》。

自创立伊始，稻香村就注重对商标、字号的保护，是糕点类“稻香村”商标的持有者。1979年，稻香村在原有商标的基础上申请了“禾字牌”商标。并先后于1983年和1989年被核准注册“稻香村”商标，核定范围包括饼干、果子面包和糕点。这两个基本商标的注册奠定了稻香村在当代进行品牌保护的基础。

2013年，为响应“一带一路”倡议和“走出去”战略，稻香村集团成立了海外事业部，开启“出海”计划。随着全球业务的开展，在海外也注册了“稻香村”的商标，确保消费者品尝到正宗的稻香村糕点。

尤其在数字经济时代到来后，知识产权之于企业的作用更为突出，稻香村集团董事长周广军对于数字经济时代知识产权保护问题的理解是：“知识产权问题是任何企业都会面临的问题，尤其是随着电商平台的兴起，知识产权保护从线下延伸至线上。”

稻香村集团不断构建和完善知识产权保护体系，在专利、商标、著作权等方面加强管理和保护。目前，稻香村集团拥有国内注册商标110项，并在海外60多个国家和地区注册了商标，构筑起品牌保护的完整体系。

稻香村国际商标注册证

但是即便层层设防，因为稻香村的老字号知名度实在太高，这块“金字招牌”总是会引来各方“李鬼”，知识产权的维护仍然存在诸多困扰，给实际经营带来很大不便：

1.“稻香村”企业名称未能得到有效保护。全国各地仍有大量企业以“稻香村”为主要字号命名，使消费者误认为这些“稻香村”都是稻香村集团的分公司，给消费者带来困扰。

2.“稻香村”商标未能实现跨类别保护。“稻香村”商标被多个单位和个人申请注册在酒、米、面、调味品等类别，存在着明显的傍名牌行为，增加了企业维权的难度。

3.以“地名+稻香村”形式注册商标的问题。同样对消费者识别“稻香村”品牌产生误导，造成了市场混乱。

品牌是企业的无形资产，是区别于其他企业的重要标识，而知识产权保护则是从法律层面确立及保护了品牌的独特性。

在周广军的心中，保护稻香村的品牌，保护稻香村的商标，是稻香村继续扩大世界影响的关键。“企业一定要非常清醒地认识到拥有知识产权是为了市场竞争。为了市场竞争，这些知识产权就必须要有牙齿，必须要有力度，必须要有竞争力。”

对于这些傍名牌的“李鬼”，稻香村的做法是坚决维护自身利益，见一个就“杀”一个，决不姑息。近年来，稻香村集团在北京、天津、河北、吉林、辽宁、四川、山东、香港、澳门等省、市、特别行政区进行打假维权一百多起，一系列名不符实的“稻香村”及其他侵权企业均被法院判定侵权。

在打假维权的同时，稻香村集团的中心任务仍然是推动稻香村品牌的年轻化、国际化，让稻香村真正成为民族品牌的突出代表。周广军为稻香村集团制定的战略方针是，以产品为核心，科技赋能，创新引领，为消费者提供多元服务，同时不断完善知识产权保护体系，“在知识产权的创造、运用、保护、管理、服务方面不断深入，强化各类人员的知识产权意识”。

“心中有火，眼里有光，背后有汗。”两个半世纪的弄潮儿依旧雄心满满。多年前，周广军曾思考过，为何日本的老字号企业传承有序？“我们可借鉴的地方在哪里呢？我想是对职业的尊重，对文化传承的责任感与使命感。”

如今，中国虽然处于经济快速发展的追赶期，时代的浪潮太过汹涌，人心略显浮躁。但是，以稻香村为代表的一批老字号企业却率先在浮躁中沉淀下来，怀着不忘初心方得始终的使命，于大浪淘沙中显出英雄本色。

把中国的标准变成国际的标准

美国战略专家马克·麦克内利说：“微软公司在个人计算机操作系统软件市场中的支配地位，使得它能够在过去的十年里让其他计算机系统公司、软件应用公司和计算机硬件公司按照微软公司的魔笛跳舞。”

那些取得巨大成功的企业，缘自通过自身实力将自己的标准延伸成为行业标准，使自己在很长的一段时期内，在相关领域所向披靡。由此可见，竞争的终极战略是成为行业规则的制定者，在所处的行业中做到最优、最好，做行业的领袖，做时代的引领者。

新发展时期，国家高度重视标准化建设工作，并于2021年出台了《国家标准化发展纲要》，明确提出到2035年，要建成结构优化、先进合理、国际兼容的标准体系。

稻香村等经验丰富的食品行业排头兵企业将在本领域内扮演重要角色。值得注意的是，这并不是一场单纯的优胜劣汰的“生存游戏”，而是要努力将中国的标准变成国际的标准。标准的制定只是为行业判定最基本的底线画定未来发展的轨道。标准的力量不言而喻，谁掌握了国际标准的制定权，谁就掌握了行业的话语权和国际市场的主动权。

对于稻香村集团而言，从参与者、主导者到引领者的身份转变，是标准体系建设之路的“必修课”。

稻香村集团在企业经营、产品营销、供应链管理等方面不断创新，形成一套独特的“稻香村标准”。“标准、道德、科技是保障食品安全的三个重要维度。”在周广军看来，标准是保障食品安全的基础原则，道德是保障食品安全的责任自觉，科技则是保障食品安全的有力手段。

随着经济全球化不断深入，标准已经成为世界各国保护民族产业、规范市场秩序、推动技术进步的重要手段。

稻香村作为全国焙烤制品标准化委员会（SAC/TC488）及全国焙烤制品标准化委员会糕点分技术委员会（SAC/TC488/SC1）委员，参与了多项标准的制定与修订。2020年参与制定的“品牌评价原则与基础”国家标准已经发布。《食品工业》2013年第2期《HACCP在苏式月饼生产中的应用实践》一文，由稻香村集团与苏州农业大学联合发表，将传统手工制作产品进行了系统化、标准化规范。还参与了CAC区域标准“粽子”“速冻饺子”的制定。稻香村集团苏州公司被中国品牌建设促进会评为首批“品牌评价国际／国家标准应用示范单位”之一。

与标准同样重要的是专利，专利是衡量企业技术竞争力的关键所在。有什么样的标准就会有什么样的企业，有什么样的专利就会有什么样的未来。争夺国际标准话语权的时候，始终绕不开的是科技创新自立自强的有力支撑。

稻香村集团大力推进专利研发相关业务。截至2020年，集团获得国内专利授权85项，包括发明专利授权2项，实用新型专利授权72项，外观设计专利11项。其中，有关设备的国家专利50多项。重点实用新型专利有：包馅机的出料装置、一拖八自动理料刷蛋排饼机构、糕点制作用刷蛋液装置、自动脱模结构、自动粘墨旋转盖章机构等。

以上专利投入使用后，在提高效率、优化流程、推动生产等方面发挥了重要作用，取得了良好的经济收益和社会收益。例如，桶装食用油取用辅助装置的研制，减少了生产过程中原材料的浪费，提高了产能，并节约了大量劳动力。

科技赋能有效地促进了企业的技术进步和新产品的开发，稻香村集团实现了由参与到主导的突破，借助于强大的研发能力，将国内的技术现状和水平反映到国际标准中，增强了国内食品类企业的产品在国际市场上的竞争力和话语权。

进入新时代的稻香村集团始终保持着雄心壮志，树立高起点、严要求的经营策略，努力做行业规则的制定者，从而使公司保持强大的竞争力，实现长远的发展。

稻香村集团董事长周广军说："我认为中国品牌走向国际化的关键点有两个：一是在产品上凸显本民族文化符号，二是在产品标准上和国际对接。"

稻香村的"老面包"出口量比较大，正因为具有民族特色的制作工艺传承赋予了中式糕点独特的口味和情感寄托，才受到海外游子的广泛欢迎。

2021年春节，稻香村亮相美国纽约时代广场，带着精致的中式糕点以及浓郁的家乡情怀，向海外华人表达最牵动人心的情意。

这年春节，稻香村集团在海外动作不断，惊喜亮相第一届“OCM天下第一年货大会”，携手洛杉矶、纽约、芝加哥、西雅图等地多家线下连锁商超，以及亚米网等线上电商平台为消费者送上新春福利。

“有能力的企业可以让中国特色的消费品符合国际标准，再有能力一点的企业就让中国的标准变成国际的标准。”周广军说，“大企业必然要有和国外交流、引领进步的自觉，尤其是全行业都认你作领军企业的时候，你更应该有这种责任和担当。”

为者常成，行者常至。握紧“标准”这张世界准入证，以稻香村集团为代表的中国老字号企业正凝聚力量，以开放的生态、共赢共享的理念，为中国在新一轮科技革命和产业变革中抢抓机遇注入强劲动能。

巨额硬件投入打造竞争壁垒

稻香村集团作为一家食品工业企业，兼有制造业的特点。因此，如果想在行业内获得竞争优势，务必要拥有领先的机器设备、独一无二的制作工艺、科学严密的流程管理等软硬件，它们是企业真正的护城河。

稻香村集团北京公司主要生产传统糕点，比如桃酥和月饼，

2020年新增了蛋糕生产线。此前，这个车间空置了一段时间，为了生产出高品质的产品，稻香村人调集各方精英，从研发部门到机器设备，硬生生打造出了一个十万级净化车间。

生产高品质的蛋糕绝非易事，对环境的温度和湿度有严苛的要求。此外，机器设备丝毫不能含糊。于是，稻香村集团斥巨资从德国购买先进的生产设备，从打发机、烤炉到整个后续的冷却，产品品质有了可靠的保证。

做好一款蛋糕，最重要的是有一台品质过硬的打发机。出色的打发机能够让面浆与空气非常均匀地接触，确保饼坯很细腻，接下来烘烤出来的蛋糕才会柔软可口，因为里面的组织结构非常均匀。一些国产的打发机无法实现高标准生产，因为打出来的气孔有大有小，做一款好蛋糕也就无从谈起了。

此外，烤炉也是制作可口蛋糕的重要设备。稻香村集团车间的烤炉也是斥巨资进口的，在硬件上保证了品控到位。烤炉对蛋糕的烘烤透风度、色泽、口感会起到决定性作用，有的蛋糕吃起来让人回味无穷，秘密就在于此。所以烘烤界有这样一句话，“三分案子七分炉”。显然，如果烤炉烘烤失败，糕点生产出来就是废品，哪怕它的颜值再高也无济于事。

作为一家拥有两个半世纪历史底蕴的老字号企业，稻香村集团立志做行业领头羊，成为一个标杆性老字号企业。为了保证品质，它花费巨资购买许多新设备。比如，每条生产线上都安装金属检测器，在生产过程中随时检查并剔除异物，确保每块糕点都能安心吃。作为一家负责任的老字号企业，稻香村集团的做法确实令人称道。今天，食品安全问题成为社会高度关注的焦点，各部门的检查工作也越来越严，所以稻香村集团不敢有丝毫大意。

除了在原料前端进行过金检测，到了产品的末端包装环节仍然要仔细检测金属等异物。因为蛋糕生产过程涉及多个环节，接触人员也很多，随时有可能发生异物混入的情况。在包装之前进行最后检测，真正做到了排除异物，真正确保了食品安全。

此外，生产车间在无菌净化方面标准异常严苛。蛋糕是一种高蛋白、高水分、高营养的产品，做到三个月保质期非常困难。为此，稻香村集团只能在硬件上下功夫，打造出了一个10万级无菌净化车间。具体来说，车间一立方厘米当中达到了10万个以下的细菌残留，就叫10万级。

稻香村集团不断提升质量发展能力，生产厂房车间均达到10万级净化标准，中央空调全程监控的GMP（良好作业规范）模范车间，拥有国际领先的全自动化生产线百余条，生产从原料进厂至产品出厂，各工序及各关键点都实行严格的标准与控制，以确保产品生产的专业化、标准化，保证了产品的质量统一性。

稻香村集团的这条生产线在国内焙烤行业属于高端设备，成本高。这种机器设备让许多同行望尘莫及，根本没有生产出与稻香村同品质产品的可能。当稻香村的蛋糕产品变成了同行难以模仿的高峰，那么在行业内就形成了他人难以超越的竞争壁垒，从而拥有了独一无二的竞争优势。

今天，有的老字号还在寻求当地政府保护，向主管部门要政策，这种方式对企业发展来说并非长久之计。正所谓“打铁必须自身硬”，一个企业如果没有强健的筋骨，外界给予再多保护措施也无法抵挡市场暴风雨的洗礼。换句话说，那些“虚假的护城河”对企业来说并非福音，如果保护措施太多了无异于自毁长城。

下篇

行业标杆

第10章 时代使命｜别因为走得太远，忘了为什么出发

永远把安全生产牢记心头

今天，食品安全是消费者关注度最高的话题之一。加入稻香村这个大家庭以来，稻香村集团董事长周广军一直如履薄冰："最大的危机感，便是来自食品安全问题。一旦出差错，消费者不会给我们解释的余地和时间。"

那么，稻香村如何确保产品安全呢？2021年6月8日，周广军在第十二届中国食品安全论坛上提出了三个理念，"道德、标准、科技"。在他看来，道德是保障食品安全的责任自觉，标准是保障食品安全的基础原则，科技是保障食品安全的有力手段。具体来说，"道德"的规范是老字号传承的底线，任何时候都不能动摇，稻香村必须永远坚持诚信经营，这是品牌的根基。"标准"是安全生产的执行规范，从糕点的制作工艺到车间的操作流程，都离不开标准化管理。"科技"是借助现代先进的技术手段排除各种潜在风险和漏洞，确保安全生产万无一失。

近年来，稻香村集团通过长期培训、实践，已经让食品安全意识渗透到企业运行的方方面面，从原料选材、产品研发、生产加工

到流通运输、售前售后等环节全方位严加把控，形成了一套独特的“稻香村标准”。

在稻香村集团的各个生产车间，把安全工作落实到位，是每个基层管理人员必须亲自去抓的头等大事。他们有责任让一线的工人清楚地认识到安全的重要性，并把这种观念付诸行动。

除了在生产中严格遵守工艺操作流程，一线工人还要做好安全防护工作。否则，一旦发生事故，第一个受到伤害的就是这些基层劳动者，还会影响企业正常的生产秩序。为了让大家把安全生产的信念牢记心头，稻香村集团在一线工人入职之初，就大力开展安全生产宣讲活动，并进行严苛的工艺操作流程培训。此外，在日常生产过程中，阶段性的提醒、警示、考核都必不可少。

2021年5月至6月间，稻香村集团的一个生产车间举行安全承诺活动，旨在“落实隐患排查、提升全员安全素质”。在领导的带领下，大家集体宣誓：“我们相信所有的伤害都能避免，我们每个人都有义务安全地工作！我郑重承诺：在保护好自己的同时，也要照顾好他人的安全！努力做到不伤害自己，不伤害他人，也不被他人所伤害！”然后，每个人在安全承诺看板中郑重签下自己的名字。洪亮的宣誓声音回荡在生产车间，也烙印在大家的心头。

在保障安全的道路上没有捷径，稻香村人集体动员起来，共同参与消除隐患，共同为“安全零事故”目标倾力奉献。“安全就是效益”“安全就是生命”，这些耳熟能详的警示标语在稻香村工厂的车间、宿舍随处可见。今天，每个稻香村人都在践行“高高兴兴上班来，平平安安回家去”这一理念，让安全生产成为一种使命。

“民以食为天，食以安为先”，食品安全关系到每个人的生命健康。具体到借助技术手段保障食品安全，稻香村集团总经理王芳总结出了如下几点。

1. 建设质量标准体系

经过多年建设和发展，稻香村集团已经配备了完善的质量保障体系，产品质量可追溯体系通过IS09001、HACCP体系认证和FSSC22000认证，以及FDA认证、生产工序自检互检、品控专检、检查组巡检、生产过程全程监控。此外，在10万级无菌净化GMP模范车间，可以完成从原料进厂到产品出厂的12次严格检查。针对一线生产工人，到岗后进入车间要经过7次检查、消毒、8道隔离门，最大程度上保证了食品安全生产。

2. 对原料供应商严格验厂

按照用量、等级、供应商资质等多维度标准，稻香村集团把原料分为ABCD类。其中，成为A类供应商需要由稻香村专业的采购、质量、生产、工程等验厂人员进行审核，包括车间环境、现场管控等各项指标均过关才能进行合作。

3. 原料到货后进行验收

对于进入稻香村工厂的原料，需要经过严格的筛选、测试，验收合格才能入库、进入生产环节。比如，面粉到货之后，会有专门的工作人员对外包装感官、标签、日期等进行查验，临期的原料不允许入库。其次供货方要提供水分、湿面筋、灰分、粗细度及出厂批次报告，外检报告等文件，完全符合验收标准才能入库。

4. 从生产到销售全程可追溯

车间领取原料之后需要完成拆包、过筛、称量等程序，进入配料、打料工序。完成打料工序后制成糕点的原料皮，然后按照工艺流程进行成型、烘烤、包装、检测、入库，至此完成糕点的生产环节。产品通过物流系统被送到各大卖场或指定的库房，以及在电商销售中进行打包、发货，直到送达消费者手中，完成后期销售环节。整个过程都有完备的追溯全链路质量体系。

近年来，稻香村集团发展迅速，稻香村人以维护消费者“舌尖上的安全”为企业责任，始终将食品安全放在首位。忽视安全抓生产是火中取栗，脱离安全求效益如水中捞月。在稻香村集团，从上到下都知道“企业没有安全就谈不上发展，家庭没有安全就失去了幸福”。既要阔步疾行，发展壮大，也不忘安全生产，这就是稻香村集团良性发展的关键一招。

老字号最怕失去成长力

根据历史记载，苏州在岁时饮馔上，奢华与清嘉并存，“土俗侈岁时之胜”，“最重节物”，形成了独特的文化景观，创造了许多物化了的精神产品。

作为苏式糕点的集大成者，稻香村无疑是江南美食文化的标本。农历正月酒酿饼、二月雪饼、三月闵饼、四月绿豆糕、五月薄荷糕……稻香村完美地继承了当地人讲究时令和新鲜的传统习俗。《吴中食谱》这样记载：“初夏，稻香村制方糕及松子黄千糕每日有定数，故非早起不能得。方糕宜趁热时即食，或令婢仆购致即减色。每见有衣冠楚楚者立柜前大嚼不以为失雅也。”从贩夫走卒到文人雅士，都难以抗拒稻香村大方糕和松子黄千糕的美味，而稻香村凭借品质和味道得到了广大食客的认可，成为名副其实的金字招牌。

“民以食为天”，在几百年的历史变迁中，许多东西化作尘烟，唯有美食文化超越时代延续至今。从诞生的那一刻起，稻香村就是为了满足民众的口腹之欲，以及对精致生活的追求，并集中展示了古人的文化习俗、心理认知和消费习惯。

时至今日，稻香村依然延续着古老的饮食习俗，传承并开发了品种丰富的节令产品，带来舌尖上的绝妙体验。除了讲究口味、时令，稻香村特别强调原材料要原汁原味、清洁卫生，这种执念跨越几个世纪不可动摇。

张大千是我国蜚声海内外的画家，也是稻香村糕点的忠实粉丝。在《张大千传》中，作家和美术教育家王家诚先生这样写道："去年冬，谭廷元夫妇回国省亲，谭敬先生约了张大千的门人曹大铁、顾福佐、糜耕云、曹逸如、付文彦等先生，大家商量，决定让廷元夫妇代表他们，专程去台北拜望大千先生。这些年逾花甲的老画家都知道老师的口味，于是分头行动，备办礼物。有的赶到苏州，选购了'稻香村'的糕点。"由此可见，稻香村的糕点在众多文化大家眼中，已经成为江南味道的一张"金名片"，即使是身在病中的张大千先生也难以忘怀心中稻香村的味道。世人都追求极致美味，这是人间的美好慰藉。

"好料才能出好品"，稻香村人坚持选料应时新鲜，激发食材本味。当组织规模扩大，整个团队都在遵循传统工艺生产优质糕点，并把老字号的工匠精神衍生为企业文化的时候，大家就有了一套放之四海而皆准的行事准则。在这种理念和文化的驱使下，稻香村人把规模做大了，责任意识也更强烈了。

概括而言，稻香村的初心就是提供质优价廉的美味食品，让老百姓品尝地道的苏式糕点。随着企业发展到一定程度，稻香村有了行业意识，开始有意识地扮演好龙头企业和领军企业的角色。这时候，稻香村不仅要维护好自己的品牌，照顾好每个员工，还要承担更大的责任，如考虑行业引领的责任，在追求远大目标的同时有超越利润的思想。这样一来，整个企业就可以发挥示范带动作用，为社会做出更大贡献。

每个中华老字号传承至今，必然有其成功原因，这样的企业无疑应该承担更大的责任和使命。对稻香村来说，它有传承中国糕点文化和中华文化的责任及社会意义。

对此，董事长周广军说，稻香村坚持“厚道做人，地道做事”，这折射了老字号追求的“工匠精神”和老字号的“责任担当”精神。

“工匠精神”和“责任担当”主要体现为三点：一是员工对个人工作的担当，大家要担当起安全生产和生产安全食品的重大责任；二是稻香村作为焙烤行业的带头人，要积极主动引领焙烤行业发展；三是稻香村作为中国糕点界的泰斗，代表了中国文化，稻香村要有传播中华文化的使命感。

比如，稻香村坚持做非遗手工，其实从经济效益角度考虑并不划算，但是这是在延续苏式糕点的传统，是保护中华美食文化的必要之举。今天的稻香村有实力、有能力做这件事，最大程度上带动更多人传承和发展苏式糕点文化，这完全是一种使命感在驱动稻香村人行动。

再比如，稻香村集团实现规模化生产以后严选原料，坚持自建馅料厂，建立了从原材料到产品的全链路质量追溯体系，严格保证产品质量。由此可见，“不时不食”的美食理念在稻香村糕点制作过程中得到了完美诠释。

翻开古代文学作品，古人重视饮食的程度和态度令人震惊。这种郑重的态度促使一代代稻香村人在制作技艺上精益求精，并赋予了苏式糕点更多文化气息，有了艺术的境界，有了“道”的意味。

自从掌舵稻香村集团以后，周广军主动肩负起振兴中华老字号、复兴中式糕点的使命。无论在工作中遇到什么艰难险阻，他都能找到奋进的力量，穿过眼前的暗黑隧道。周广军说：“食品行业虽然不像其他智能制造业看上去那么耀眼，支撑起了中国的大国地位，但是民以食为天，中国的传统饮食文化是当下增强民族文化认同的文化渊源，也是承载中华民族深刻情感的思想文化遗产。它就像一个活的生命体，跨越了国界、语言、性别、肤色……在全世界实力圈粉，影响力同样堪称‘大国重器’。”

身为行业领军人物，周广军深知自己责任重大：“传承中国古老的饮食文化，不仅是家事，也是国事、天下事；既是初心，也是使命。对今天的稻香村来说，传承的不仅是古法技艺，更是一笔宝贵的精神财富。”

展望未来，周广军充满自信，他说：“我们要站在中国优秀传统文化的基石上，来拟定自己的企业文化，因为企业精神的强大才是真正意义上的强大。”从这位带头人的身上，我们看到了一个企业的自我超越，看到了一个行业的团结奋进，也看到了中华文化的有序传承。

一代人往前走，一代人跟在后面，看着前方的背影，你会感觉到传承和使命的力量。

企业文化：成人达己，追求卓越

企业文化贯穿于企业的整个经营活动，体现为企业精神、企业制度、企业作风、企业形象等四个层面，是必须经过长期培养、坚持不懈传承/传递下去的一种理念、规范和行为准则。经营企业必须同时树立和坚守企业文化，只有正确的、持久的企业文化，才能保证企业在面对复杂多变的商业世界时不至于迷失方向。即使领路人换了，管理人员换了，员工换了一茬又一茬，只要企业文化依然高悬，企业就会始终在正确的轨道上前行。

稻香村集团的企业文化标语在董事长周广军的办公室内悬挂着，也在周广军和所有稻香村人的内心悬挂着：厚道做人，地道做事，成人达己，追求卓越。

稻香村集团企业文化的核心是在成就和帮助他人（消费者、合作者，甚至是旁观者）的基础上，发展和完善自己（稻香村企业、稻香村员工），实现自己的理想，达到自己的目标。周广军说："不管做人还是做事，都应该有成人达己的思维。"

如何才能做到成人达己呢？稻香村给出的答案是用精良的产品和优质的服务回馈消费者。关于稻香村产品的讲述已有不少，现在再重点讲述优质的服务。

只有优质的服务才能带给消费者深刻的印象，并让消费者得到良好的感觉和体验。为了达到这样的目的，稻香村集团非常注重服务基础设施的建设、服务能力的建设，并做到服务的全面响应。

稻香村集团的服务分为三个阶段。第一阶段是单线下服务，有遍及全国的800多家专卖店、商超专柜和10万多个销售网点，在线下零距离为消费者提供面对面的优质服务；第二阶段是线下线上双线服务，于2009年开始，稻香村相继在天猫、京东等主流电商平台开通了自营旗舰店，在为广大消费者提供更多优惠的价格的同时，也在线上提供便利服务；第三阶段扩增海外服务，于2013年起加快

“出海”战略布局，以“线下+线上”齐头并进的方式，开拓海外市场，服务海外消费者。

为了更好地为消费者送上优质的线下服务，稻香村集团主动对服务基础设施进行进一步的智能升级。先于2016年底，进行线下实体店智能升级，跟随新零售趋势为消费者提供2小时极速达、智慧款台等便民服务。又于2018年起，在苏州、沈阳、成都等地开设多家新型智慧门店和消费体验店，由原本的“工厂配送+包装”形式改变成“门店现烤+伴手礼”形式，为消费者带来多方面的中国传统美食体验服务。

同时，为了更好地为消费者送上优质的线上服务，稻香村集团成立线上专业电商团队，负责天猫、京东等主流电商平台的运营，进行全运营周期管理，在团队准备、仓储物流、经营商品、营销计划、节日促销等各个环节均有规范的流程管理。

稻香村集团不仅对消费者服务得无微不至，对从业合作者的帮助同样值得称道。稻香村建立并完善了经销商服务体系和规范，在店面规格、店面选址、店铺装修设计、运营管理系统、人员素质培训等方面提供科学的体系支撑。如，稻香村对加盟商的服务从业人员有完整的培训体系和标准化的培训手册。专业培训师会对加盟商进行系统的理论和实操相结合的培训，理论部分培训在公司进行，实践部分的培训在稻香村旗舰店进行，让加盟商切身感受稻香村的企业文化，直观地认识产品，学习如何解决在实际经营中可能遇到的各种问题，从根本上保证加盟店的顺畅管理与高效运营。

为加快全国经销商订购货物的流程，稻香村集团整体应用了网络订单服务系统，经销商通过网络就可以直接看到产品详情、实拍图，完成线上订货，满足了全国经销商“订货快，目标准”的要求。

稻香村集团的企业文化要求企业必须重视与消费者、经销商、供应商的沟通，为此集团专门设立了反馈渠道和投诉渠道，有专人负责与消费者、经销商和供应商沟通，即时了解对方的需求，并解决投诉问题。

在消费者、经销商与供应商中，消费者是最弱的一环，也是销售链路的终端。如何保障消费者的权益，是稻香村集团始终放在心上的问题。为此，稻香村集团开通了400热线电话，方便与消费者第一时间沟通，第一时间解决咨询与投诉问题。同时，融合互联网发展趋势，开通官方微信、官方微博等平台，让消费者及时了解品牌及产品信息，确保公司和消费者之间的信息畅通。

为了让企业文化能够时刻体现在经营活动的各个方面，不存在任何文化盲区，稻香村集团加强员工培训，增强员工质量意识和服务意识，规范操作程序，强化行为有序，各相关部门加强对产品质量和服务质量的监督检查。

让消费者放心，让经销商安心，让供应商顺心，三心合一，保证了稻香村品牌的美誉度。经过不懈的努力，稻香村集团被中国质量检验协会授予“全国产品和服务质量诚信示范企业”称号。

只有做到了成人达已，才可能实现卓越。但也并非做到了成人达已，卓越就能自然而成。卓越的最终建立也需要有效管理作为屏障。稻香村集团的有效管理集中体现在以“5S现场管理”为基础的精益管理上。5S现场管理是现代企业必须具备的管理模式，即整理（Seiri）、整顿（Seiton）、清扫（Seiso）、清洁（Seiketsu）、素养（Shitsuke）。

稻香村集团5S管理的实施方式是以小组制推进的，小组成员明确职责，依据企业规定的各项标准进行作业，力争以小组为单位实现局部专业化、规范化，并在整合之后实现企业整体的专业化、规范化。

在整理、整顿阶段，小组成员将存在的问题一一罗列出来，不放过任何一个风险点，从根源上发现问题、解决问题。不断改善现场条件，促进人与物的有效结合，向空间要效益，向时间要效益，向态度要效益。努力促进人与物的有效结合，实现生产现场管理规范化、科学化。

在清扫、清洁阶段，从扫漏、扫异等各项问题着手，逐步进行识别、攻破；从人员、设备、原料、方法、环境等多个维度进行排查，制定措施、标准，定职定责；利用PDCA循环（美国质量管理专家沃特·阿曼德·休哈特提出的质量管理科学程序），促进5S工作稳步推动。

在素养阶段，建立有针对性、可操作性的制度。综合提升员工素养，全面提升产品质量，树立企业良好形象。素养的养成是一种旧习惯的改变，也是企业文化的外在表现。

通过与企业文化的不断磨合与融入，如今稻香村集团的员工都是企业文化的坚定支持者与追随者，他们在用自己不懈的努力，实践着“厚道做人，地道做事，成人达己，追求卓越”的企业文化。

下面看看两个不同岗位稻香村人发自内心的独白：

“……从五年前一名普通的员工晋升为一名班组长，我有机会承担更大的责任，我知道这跟车间的各级领导给予我的信任是分不开的，我明白班长是车间领导与班组之间的联系桥梁，我时刻感受到肩上那份沉甸甸的责任，我知道要烤出合格的产品必须有一支坚强的队伍……作为一名生产管理者要发挥好带头作用，要认识到自己既是一个管理者，更是一个执行者。要想带好一个班组团队，除了熟悉流程，还需了解相关的工作及事务，要以身作则，充分发挥自己的工作积极性，主动承担工作，共同努力……”

“……今年的中秋专岗——运营中心电商事业部拼多多、云集等平台运营工作岗位。为了能够在中秋备战期间协助运营部的同事分担一部分工作量，我提前半个月进驻岗位来熟悉工作内容，在此期间得到了部门领导和同事的耐心教授和指导，让我对运营工作有了更进一步的了解……虽然各自负责的平台不同，但商品是相同的，信息也在不断地沟通与交互中及时高效地传递着。‘不积跬步，无以至千里；不积小流，无以成江海。’正是日常工作中心的细心与认真为高峰期工作的有序进行提供强有力的保障……大到国家、民族，小到我们的企业、部门、每一个人，大家都像石榴籽一样紧紧团结在一起，努力朝着前方的同一个目标前进……”

厚道做人，地道做事，成人达己，追求卓越！简单的十六个字，说着容易，做起来却难若登天。稻香村人始终践行着，无论途中遇到多少困难，都从来没有丢掉过这十六个字。稻香村集团在坚守传统和创造现代的过程中，都是基于“厚道做人，地道做事”这一企业核心价值观做出各种选择。

企业文化只有开始，没有结束，无论前方遇到多少阻碍，终究都要从这条路继续向前，用使命的力量助力企业的发展。

传承是家事，也是国事

苏州是一个安静的城市，无论走到哪里都有一种安闲、从容的气氛，不像上海那么急急忙忙，好像要抓住一分一秒的时间，不肯放松。的确，上海的趣味是浓烈的，苏州的趣味是恬淡的。在苏州，吃茶是当地人生活中最重要的一个节目。在苏州而不去孵茶馆，就不能领略苏州人的情调。

在闲适生活的表象下，苏州的工商业与市场的联系更加紧密，茶食糖果业也因此获得了持久的发展动力。苏城内外，遍布大大小小的点心茶食坊肆，虽然是街市上的寻常风景，却在社会文化意义上完美地呈现了苏式闲适生活独特的魅力。如果说稻香村是苏州文化、商业的代表，恐怕没有人会提出异议。

一代代传承下来，稻香村这个品牌已经从苏州观前街走向世界。在糕点行业，无论是强大的单品影响力、丰富的产品体系，还是良好的口碑、持久的网络热度，稻香村集团都处于行业龙头企业的地位。

稻香村大数据

◎创立之初，稻香村是在观前街开设的茶食糖果摊，历经清朝、民国、新中国的时代变迁和民族资本、公私合营、国营、集体改制和股份制等经营体制的变革，目前已经发展成为一家大型现代化企业集团。

◎稻香村集团在苏州、山东、北京、沈阳、成都等地建有10个现代化生产基地，在苏州、北京、山东设立3个研发中心，还有原料基地、馅料厂、印务厂等产业。

◎稻香村集团在全国拥有800多家线下专卖店，并在天猫、京东、拼多多等电商平台开设线上旗舰店，产品已经出口到海外40多个国家和地区。

◎在传承各类中式糕点的基础上，稻香村集团不断丰富产品门类，各类美食产品达1000多款，受到消费者热烈欢迎。

◎连续多年在电商平台的糕点、月饼类目销量排行第一。2022年，稻香村集团产销月饼超2.6亿块，中秋节期间月饼出口30多个货柜，共700多万块，比2021年月饼出口量增长了60%。

自2004年以来，稻香村生产的烘焙系列产品受到市场欢迎，并获得了众多荣誉。其中，蛋糕、曲奇、麻花被中国焙烤食品糖制品工业协会、全国糕点委员会、全国饼店委员会评为全国特色糕点，桃酥、老婆饼、萨其马、麻饼等被评为中国名点，蛋糕、萨其马被评为中国特色糕点。

2006年11月7日，商务部下发商改发［2006］607号文件《商务部关于认定第一批“中华老字号”的通知》，苏州稻香村被首批认定为“中华老字号”（证书编号10021，注册商标“禾”）。

2013年，稻香村被中国焙烤糖制品工业协会授予中国焙烤食品糖制品产业突出贡献企业称号，稻香村DXC注册商标被国家工商总局认定为中国驰名商标。

今天，中国制造已经成为世界上认知度最高的标签之一，这得益于国内庞大的工业制造体系，以及快速发展的中国经济体。中国制造走向世界各地，不仅是一种物质产品出口，也将中国人文、民俗风情传

2013年，糕点类“稻香村DXC”商标被国家工商总局认定为“中国驰名商标”

播到国外。毫无疑问，稻香村出色地成为中华美食文化的代表，让世界对中国有了更鲜明的认知。

2020年，央视网推出“人人都爱中国造”品牌助力行动，赋能民族品牌。2021年1月8日，节目推出“中华老字号新百年计划”稻香村专场，稻香村集团董事长周广军做客访谈直播间，分享稻香村“国潮”转型历程，讲述中式糕点走向世界的经验。

周广军说：“稻香村从苏州起源，糕点里一直流淌着精致浪漫的基因。”稻香村传承百年工匠精神，依靠科技赋能再攀高峰，成为老字号传承创新发展的典范。稻香村不仅是“中国品牌”的一面旗帜，也展示了“文化自信”的深刻内涵。对稻香村了解越深入，我们越能从它身上感受到“中华优秀传统文化”“工匠精神”的基因。从这个意义上说，把稻香村集团做大做强不仅是企业的家事，也是推进文化交流、展示文化自信的国事。

一代代稻香村人的传承与创新，造就了今天的稻香村。踩在时代发展的节点上壮大自己，是稻香村历久弥新的发展经验。当老字号迎来最好的发展机遇，稻香村人已经有了更宏大的战略规划。

1. 传承民族品牌

老字号品牌拥有深厚的文化底蕴，其发展壮大离不开对民族性、文化性的挖掘。稻香村集团在苏州成立非物质文化遗产传承中心，恢复失传技艺，创新改良传统技艺，大大丰富了现存糕点的品类。而编写企业史、寻找老物件，则梳理出企业发展脉络，让每个稻香村人有了主心骨。

2. 传承时代精神

如果不能顺应时代发展要求，在传承过程中企业必然会脱节、掉队。稻香村从苏州逐步走向世界，始终紧跟时代发展步伐，坚持创新、改革，一次次在恶劣的生存环境中脱胎换骨，获得了重生。比如，在国家“双循环”新发展格局下，稻香村集团一边加紧布局国内市场，把内循环的蛋糕做大，一边积极开拓海外市场，大力推进海外业务的发展。这就是应时而动，顺势而为。

3. 传承家国情怀

企业是社会的组成单位，民营企业对稳定就业、经济持续发展的作用至关重要。积极履行社会责任，稻香村集团从来不懈怠，这就是一种家国情怀。遇到发展困境，稻香村人一定会团结消费者、合作伙伴共同努力，着力实现共同进步。新冠肺炎疫情三年，原材料、人工费用上涨，稻香村集团也没有裁员或降薪。

稻香村集团董事长周广军说：“我很庆幸于命运的安排。食品工业发展的历程，记录着中华文化的千年底蕴，对我来说，这是事业，是梦想，更是未来。从骨子里我就喜欢做这一行，乐此不疲。”这又何尝不是每个稻香村人的肺腑之言呢！

为了公益事业不遗余力

稻香村集团一向积极投身社会公益活动，践行自己的社会责任。早在清代光绪年间，稻香村在沈祖荫的带领下迎来一次快速发展。当时，沈祖荫在苏州商团观前支部兼任社会职务，但是不支取薪水，积极为社会治安和公益事业做了大量工作。

义利兼顾是中国老字号的传统美德。与之相应的是，历史上这种慈善思想源远流长。从先秦诸子百家到后世的佛家、道家都对其有过精辟的阐述。比如，儒家提倡“仁爱”，佛教提倡“慈悲”，道教提倡“积德”，墨家提倡“兼爱”，虽然每个流派的表述不尽相同，但是都主张为民造福、救人济世等朴素的理念与精神追求。

近年来，随着集团规模逐渐做大、效益逐年提升，稻香村集团有更大能力和精力从事社会公益活动，尽可能贡献自己的绵薄之力，展现了一家老字号不变的初衷。

2021年7月，河南各地遭受了重大暴雨灾害，稻香村集团第一时间伸出援助之手。当时，工作人员筹集了价值200多万元的食品运抵受灾地区，助力防汛救灾。其中，包括50万包各类糕点、蛋糕、面包产品。

2021年8月，稻香村集团通过中国煤矿尘肺病防治基金会健康中国爱心基金向社会捐助价值240万元的食品。工作人员把这些物资分批发放给环卫清洁工人、煤矿工人疗养院、幸福晚年驿站及革命老区困难群众。

2022年9月8日，正值中秋佳节到来之际，稻香村集团工作人员来到河南新乡，参与“我为老兵送月饼”活动。当300份稻香村月饼送到新乡多名80岁以上的老兵手中时，这些国家功臣深切感受到了暖暖的社会关爱。在这些老兵中，有30多人参加过抗美援朝运动，稻香村工作人员向他们表达了由衷的敬意。

多年来，稻香村与老兵有着不解的情缘。早在抗战时期，稻香村就支援过前线将士；到了抗美援朝时期，稻香村又积极捐献大批物资。除了在和平年代为老兵送去温暖，稻香村还赞助过纪念红军长征胜利80周年活动，为开国将军后代合唱团捐赠善款。

2022年中秋期间，稻香村集团与中国社会福利基金会、北京新社会组织能力建设促进中心、颜丹晨工作室联合组织“关爱银龄·情系中秋”爱心互助志愿服务活动，慰问65岁以上独居、留守

“关爱银龄 · 情系中秋” 稻香村集团助力银龄守护计划中秋专题活动

稻香村车辆奔赴新冠肺炎疫情防治一线

老人，稻香村集团工作人员为他们带去了中秋节礼物，充分展示了尊老爱老的优良传统。

在山东，稻香村集团山东公司通过产业扶贫、技能扶贫等形式，利用当地特色农产品、积极开发地方特色产品，带动当地经济发展，被评为农业产业化国家重点龙头企业。

此外，在抗击新冠肺炎疫情期间，稻香村集团向湖北、江苏、北京、山东、上海、河南、山西等地的慈善公益机构、疫情防治医院和社区街道等多家单位捐赠了价值700多万元的物资。这些公益捐赠为一线工作者送去暖心与关爱，也展示了一家老字号企业在国家处于危难时刻的责任与担当。

积极主动回报社会，热心公益事业，对各种善事慷慨解囊，体现了稻香村这个百年老字号的责任与担当。社会是一个完整的生态系统，当企业把财富回馈社会的时候，比如为科技、教育、医学研究、社会服务及其他领域捐赠，有利于社会各行业的健康发展。反过来，一个和谐稳定进步的社会也有利于企业持续发展，真正实现共享共建。

财富来源于社会，也应该回馈社会。经济学家厉以宁指出，社会分配分为三个层次：第一层次是以竞争为动力的分配，即根据能力大小决定收入多寡；第二层次是以公平为原则的分配，即通过社会保障、社会福利进行再分配；第三层次是以道德为动力的分配，即有实力的企业或个人自愿把钱分享给社会，也就是慈善事业。

由此可见，公益事业或慈善事业实质上是一种社会再分配的实现形式。近年来，稻香村集团捐赠善款及物资累计3000多万元。稻香村集团以实际行动践行着“复兴中式糕点、弘扬传统文化、做强民族品牌”的责任和使命，先后荣获“2017中国优秀责任品牌企业”“2018中国优秀企业公民”“2020中国企业公民520责任品牌60强”等称号。稻香村集团秉承造福社会的传统，多年来积极投身社会公益活动，成为受人尊敬的企业。

作为一家拥有两个半世纪历史的中华老字号，稻香村集团积极参与社会公益事业，在促进社会进步、员工发展、经济增长、环境保护等各方面发挥了积极作用，真正实践了“厚道做人、地道做事、成人达己、追求卓越”的经营理念。

第11章 穿越周期｜百年老店永续经营的逻辑

有远见的企业敢于自我蜕变

2021年3月28日，苏州观前街热闹非凡、人声鼎沸，稻香村国潮体验店在这条老字号集聚的历史商业街区里重装开业。两个半世纪前，“稻香村”从观前街发端，如今在旧址上升级改造，焕发出时代新气象。当传统的糕点店铺变身为体验精致生活的现代秀场，当“红楼梦”“乾隆探店”“苏州园林”等文化IP主题糕点俘获年轻消费者的心……稻香村正一步步让传统糕点跳进年轻人的购物车里。

老字号拥有数百年的发展历史，它们见证了历史长河中的风云变幻，也经历了时代变革的一次次考验。老字号能做到这一点，根本原因不是老字号的老资格，而是老字号敢于打破老资格的束缚，顺应时代要求，主动革新。

面对从传统向现代转型过程中的冲突与融合，稻香村没有墨守成规，反而不断对品牌进行创新性发展，具体包括提供多元风格的产品以丰富稻香村品牌文化价值，重塑稻香村品牌的“老”与“年轻”形象，并在产品研发中坚持文化价值优先。

在互联网技术兴起后，商业经营模式和竞争方式发生了翻天覆地的变化，老字号面临前所未有的挑战。面对这一时代大变局，老字号应如何利用互联网成功实现从传统到现代的转型，成为刻不容缓的必修课。稻香村集团董事长周广军认为："老字号企业既要做到传承，也有责任成为改革的先行者。"老字号企业一定要有传承的社会意义，在此基础上大胆试错，引进新理念、新技术、新设备，投入创新研发。作为龙头型老字号企业，在提升自身竞争力的同时，也要带动一个行业。

正是因为具有"责任担当"精神，稻香村集团在面临互联网的冲击时，勇于试错，大胆变革，在焙烤行业率先利用互联网技术开展电商业务，利用信息化技术变革企业组织结构和业务流程。

稻香村的变革是有基因传承的，在从传统手工作坊向近代工商企业递嬗的历史时期，经受了具有时代特色民族洗礼的沈祖荫勇于革新，实现了向近代民族资本主义工商业者的转身，虽非华丽，但具有代表性。

稻香村彼时作为茶食糖果业的一个特定经济单位，长期适合于传统的生产力和生产关系性质，但随着外部社会环境的剧变，它必须要随之进行变革，努力适应新的生产力和生产关系的要求，才有可能获得可持续的发展，避免像有的老字号一样陷入消亡的命运。

周广军曾说："真正的有远见的企业家敢于自我蜕变，不要像时下人们所说的那样'当你打败了强大的竞争对手时，却输给了这个时代'。"

当有远见的企业家遇到渴望变革的企业时，蜕变就是不可避免的。稻香村集团在时代的大变局中，走在了老字号企业的前列，甚至超过了很多新兴企业的步伐。稻香村集团的自我蜕变的重点体现在通过推动信息化发展，适应个性化定制和柔性化生产。

信息化时代的新零售要求打通终端零售和消费数据，“包括人力资源管理、订单管理、采购管理都要实现信息化……现在重点推行生产方面的信息化发展，比如个性化定制……信息技术部每年都在优化……”。

以改革求生存促发展，是中华老字号稻香村涅槃新生的唯一选择。尤其在市场经济蓬勃发展的过程中，一个行业由稚嫩走向成熟，新的竞争者不断加入，单个企业的利润率必然受到冲击。数字化后的稻香村集团，在周广军的带领下，努力建立更能适应现代企业制度的经营管理模式，彻底激活了百年老店内部的凝聚力、想象力、创造力，建成了适应现代消费市场需求、跟上现代商业竞争步伐的现代化企业。在实现这一切后，周广军进行了总结：“只要有民族特色的，就是人类世界的。因为百年老店是姑苏商业的骨气，这就是不能让历史遗憾的民族气节。”

稻香村集团顺应时代改变所取得的成绩告诉世人，紧抓住昔日的辉煌不放，故步自封，安于现状，就等于慢性自杀。经营企业犹如逆水行舟，不进则退。企业领路人要始终以创业的心态经营企业，以取经的心态走好每一步，在不断创新中追求卓越。

无论是产品，还是服务，优秀的企业家都是“生产一代、设计一代、规划一代”，永远让企业保持新意。

总结稻香村的自我蜕变过程，是以企业文化的传承与发展体现了老字号品牌的创新性发展。稻香村集团在扛起“稻香村”大旗的同时，通过传承“老”的历史文化，增强老字号的感召力，让企业品牌文化价值得到升华，通过塑造“年轻”的形象，品牌时尚感得到持续提升，刷新了人们对老字号的认知，丰富了稻香村品牌的文化价值。

尊重，才能赢得一切

“即使我的企业被一夜之间烧光，只要我的牌子还在，我就马上能恢复生产。”可口可乐公司创办人阿萨·G. 坎德勒这句话生动地说明了品牌价值的重要性。“稻香村”这个有着两个半世纪历史底蕴的中华老字号历经岁月波澜走到今天，品牌背后的传承秘诀究竟是什么呢?

稻香村集团董事长周广军说过，在稻香村数百年的发展过程中，有一个重要的关键词就是“尊重”。第一尊重食材，这是对自然的敬畏，对食物应时应季、原产原味的尊重。好食材会带来好味道，稻香村对食材质量的把控尤其严格，这从源头上奠定了稻香村糕点的美好滋味。第二尊重传承，把传统制作技艺继承下来，始终以工匠精神为消费者生产原汁原味的糕点，这是对技艺的敬畏之心。第三尊重消费者，始终把消费者的诉求摆在第一位，不仅在口味上追求尽善尽美，而且还随着时代发展尊重当下消费者新的需求，包括在购买渠道上应时而动，提供便利的服务。第四要做受人尊重的品牌，全心全意为消费者提供优质产品和服务，赢得大家的信任和尊重，并努力把这份尊重世世代代传承下去。

老字号最大的价值就是值得信赖的品牌，而这是一代代手艺人秉承诚信理念积累下来的。在今天市场经济条件下，品牌是一种巨大财富，唯有像爱惜生命一样维护品牌的信誉，才能让这个金字招牌永远熠熠生辉。否则，如果只看到短期利益，不考虑未来，透支品牌的信誉和价值，必然给品牌带来毁灭性的灾难，最后坐吃山空。

“尊重，才能赢得一切。”读懂稻香村需要深刻理解这句话。

下面就让我们走进苏州，循着历史的脚步探寻何为“尊重”，以及稻香村人秉承了怎样的人文关怀，始终让自己身上流淌着道德的血液。

自古以来，苏州以鱼米之乡闻名于世，当地汇聚了丰富的人文、历史、物产资源，是富庶与富足的代名词。发达的商业经济是美食文化繁荣的沃土，苏州人在美食方面投入了足够的热情，对食物的品质非常考究。正因如此，源自苏州的稻香村生产的糖果、糕点品质极佳，赢得了食客的信任，生意很兴隆，年年都有盈余。

1940年，吴希札进入稻香村当学徒。当时稻香村有五十多名职工，内设糖果部、茶食部、炒货部、野味部，其中猪油枣泥麻饼、定胜糕、蜜糕、年底的各式年糕，都是明星产品。根据史料记载，当时每逢过年的时候，苏州观前街上的一家茶叶店都要从稻香村定做整块50斤的巨型年糕，用于春节时祭财神。稻香村生产的糕点在民间很受欢迎，由此可见一斑。

人们为什么如此信赖稻香村？仅从选料上就可看出端倪。稻香村对选料的要求很高，瓜仁、松仁、玫瑰花、桂花等必须找好的产地，选择优秀的品种。比如，松子要选用东北大兴安岭的大松子。新中国成立后，吴希札时常被委派到伊春采购松子。回来以后，十多个工人用小锤子敲开松子，然后取出松仁。接着，用炭火文火烘烤，除去松衣的同时，将松仁头上残留的“小帽子”摘掉，然后再用文火微微烘烤。经过这番操作，松子可以储藏起来，常年保存备用。

再比如，制作糕点馅料的玫瑰花要从现在苏州高新区白马涧选料。以前，白马涧四周全是山，山脚下种植玫瑰花，每年三月份当地农户将采摘下来的玫瑰花放在大箩筐内，挑到稻香村的作坊进行腌制。根据要求，玫瑰花要选花朵含苞待放的，这时的玫瑰颜色鲜艳，不能选择全部开放的玫瑰花，因为经过腌制后全部开放的玫瑰颜色会变淡，影响月饼馅料成色。当时，有的商家用柠檬酸腌制玫瑰，但是稻香村每年都会用自制并且尘封几年的梅露腌制。通常，越陈的梅露腌制的玫瑰花色泽越鲜艳，味道也越好。

稻香村的糕点技师都把“尊重”二字镌刻在心里，而用料考究成了糕点制作技艺传承的重要内容。对此，稻香村传统糕点制作技艺第六代传承人艾满有过一段精彩的论述：“稻香村尊重食材，用好食材做出好糕点；稻香村尊重师承，师傅传承给下一代的不仅是糕点月饼的制作技艺，更是为人诚实善良的做人道理；稻香村尊重消费者，稻香村会用更好的产品回报给所有支持稻香村的消费者。”

在长期的发展过程中，稻香村始终需要面对不确定性的市场环境，接受来自组织内外的各种挑战。今天冲过了这个考验，明天会迎来另一场冲刺。多年来，稻香村集团在产品质量、社会责任、公司治理等多个维度交出了一份份令人满意的答卷，始终守正创新，勇毅前行。

在武侠小说中，敬重强者是共识，然而“最受人尊敬”的评判标准并非是武功高强那么简单，更要勇于担当。企业也是如此。

老字号首先是民族品牌，发展壮大离不开对其民族性、文化性的发掘。起源于苏州，发展至全国，正走向世界，稻香村的过往实践表明，老字号要有家国情怀，讲好中国故事。“尊重”是稻香村自身传承与发展的关键词。如今的稻香村，一如既往地坚持“尊重食材、尊重传承、尊重消费者”，最终成为受人尊重的品牌，真正成为“受人尊重的中华老字号”。

企业要追随大势成长

无论是经济上行，还是经济下行，企业都会存在较大的经营压力，只是具体反映在各企业中的情况是不同的。有的企业不能适应环境，落伍了，退出了；有的企业很好地适应了环境，发展了，壮大了。适应环境与否，关键是看企业有没有追随大势，把握大势。

企业最大的红利，永远是政策红利，也就是政府提倡的事，就主动去做。将企业与政策紧紧绑定在一起，吃到的蛋糕永远是最大的部分。

中国自1978年改革开放以来，国有企业的整体面貌较之改革前发生了巨大而深刻的变化。但是，由于社会生产力的发展，旧有体制的弊端及历史沉积负面因素的影响，较之同处于经济体制改革过程中的非国有企业，国有企业发展步履维艰。

在苏州，稻香村虽然有“老字号”的金字招牌压阵，但在经济体制转型的大潮中同样遭受了巨大冲击。20世纪80年代末，稻香村为了增强竞争力，积极转换企业经营机制，建立现代企业制度。这是稻香村顺应大势、从苏州走向全国的第一步，步子虽然不大，却正式踏上了追随大势发展之路。

千里之行，始于足下，只有敢于迈出第一步，不断勇敢探索，才能梦想成真。这时的稻香村就像突然闯入新世界的懵懂者，看什么都是新鲜的，做什么都是小心的，就像《楚门的世界》里的楚门，虽然对于眼前意外的世界全然无知，却也勇敢地走了出去。

稻香村迈出第一步后，在适应着，也在等待着，等待更有利于自己发展的大势。

1993年11月14日，中共十四届三中全会通过的《中共中央关于建立社会主义市场经济体制若干问题的决定》强调指出：

“建立现代企业制度，是发展社会化大生产和市场经济的必然要求，是我国国有企业改革的方向……一般小型国有企业，有的可以实行承包经营、租赁经营，有的可以改组为股份合作制，也可以出售给集体或个人。出售企业和股权的收入，由国家转投于急需发展的产业。”

在当时，这项“决定”等于给像稻香村这样的企业进行了第二次松绑，意味着可以进行下一步动作了。在等待的过程中，稻香村的经营状况也进入了最紧张的阶段。

1996年，苏州地产月饼摆出“梅花阵”抵御“外来军团”，这一趋势在次年有增无减，强势阻击广式月饼。多年未做苏式月饼的采芝斋恢复百果、玫瑰、椒盐3个苏式品种，并增加豆沙、莲蓉等“苏式皮广式馅”的改良品种。一直生产广式月饼的广州食品厂首次开发苏式月饼，日销量超过3000块。竞争对手进行着硝烟弥漫的对战，稻香村却只能退守一隅，每年生产的苏式月饼只有二三万块，令人唏嘘。一篇标题为《城隍庙进军观前街，稻香村退守临顿路》的新闻稿，更加印证了稻香村在严酷的市场竞争中败下阵来，濒临破产。

可叹，在苏州走过了民族资本、公私合营、国营、集体改制的各个时期，无论多艰难稻香村都顽强地生存下来，难道要在华夏千年难遇的大变革、大发展时期退出历史舞台吗？稻香村不同意，稻香村人也不同意。

1998年4月3日，苏州市食品工业公司向市贸易局呈报《关于对苏州稻香村食品厂实施改制的申请》，主要内容如下：

我公司所属苏州稻香村食品厂系国有商办小型企业，该厂牌子老、底子薄、基础差、包袱重、规模小，长期处于亏损状态，濒临破产。为从根本上摆脱企业困境，增加企业生存发展的原动力，根据十五大“抓大放小”改革精神，深化产权制度改革，转换经营机制，结合该企业的具体情况，经研究，拟采取安置分流、设立股份合作制企业……改制后，老企业按法注销，新企业与公司脱钩，成为市场经济的竞争主体和法人实体。

苏州市对国有企业、集体企业的改制工作一贯重视。4月9日，苏州市贸易局批复同意将苏州稻香村食品厂列入改制股份合作制的试点企业。

1998年7月1日，股份合作制企业——苏州稻香村食品厂正式成立。这是苏州稻香村历史上意义最为重大的一次改组，它是在社会主义初级阶段建立社会主义市场经济体制的历史条件下完成的，是势在必行的壮举。此举不乏悲壮却具有崭新的时代意义。

国有企业苏州稻香村食品厂改组为股份合作制，各阶段都经历了充分酝酿和筹备，全程公开、透明、合法、合规，为企业的平稳过渡及按照新体制和新的法人治理结构在短时间内运转到位，并为其后的进一步改革改制、联营联合和集团化发展，奠定了一个重要且难以替代的基础。

1990—2000年的改革，是围绕着“使大多数国有大中型亏损企业摆脱困境，使大多数国有大中型骨干企业初步建立现代企业制度”这一目标进行的改革。苏州稻香村食品厂从全民所有制的国有独资企业改制为股份合作制企业，是在改革开放深化的历史条件下进行的，是苏州市国有企业前所未有的革故鼎新、民主开放的重大举措。

企业改制了，不等于没有危险了，稻香村要面对的是竞争更加激烈的市场，思虑的是目前和将来的发展前景。在新世纪到来之际，在新时代的气息越来越浓烈之时，对于老字号的质疑声也越来越大。“老字号的路该怎么走”？更具体的“苏式糖果糕点前景如何”的问题，等于在告诉世人，“老字号没出息了”“苏式糖果茶食要淘汰了”。

在外界一致看衰的情况下，稻香村希望用实际行动给出反驳。但实际情况却是，企业资金不充裕，市场不景气，职工股东们的工资与生活以及生产经营管理等都产生了新问题。毁掉溢价老字号很容易，再创辉煌却不那么顺利。一切迹象都表明，稻香村必须进一步深化改革，革除所有拖累企业发展的东西。

进入21世纪，稻香村加大改革力度，增强市场活力，逐步走出困境，呈现良性发展态势。从更长的时间维度来看，这是稻香村第三次追随时代大势，做出的有利于自身发展的主动性改革。对于一家拥有两百多年历史的老字号企业，能主动拥抱大势绝非易事。令人称道的是，稻香村再次在自我超越中重生。

顺应时代大势不只是跟随国家政策的指挥棒，还要跟随时代科技的大潮流。信息化是时代发展的产物，是企业业务流程再造的重要手段，特别是进入网络社会后，互联网的应用加速了企业业务流程的信息化发展步伐。“老字号”稻香村的信息划分为三个阶段：

第一阶段始于非主业务流程的办公室自动化，从一开始的财务、仓储管理到后来的生产，是逐步的叠加的。

第二阶段是局部信息化阶段，各工厂内部实现了局域网连接，但工厂间网络沟通没有实现。信息化投入主要用在供应链模块和仓储模块，采购平台也做了信息化改造，实现了与前端供应商的联系，但不能做到透明和共享。

第三阶段是集团内部各个工厂的连接，最终实现了集团内部各个主业务流程的连接。主业务流程的信息化发生在第二阶段，始于营销端的电子商务。

企业旺盛的生命力背后，是积极探索的勇气和转型升级的强大动力，也是中国推动高质量发展的缩影。稻香村选择紧跟时代步伐，顺应信息化趋势，正式踏上了快速发展轨道！

活下去才有机会，怎么做才能活下去呢？必须是“适者生存”。站在全局的高度思考问题，立足时代的需求谋划未来。

企业要发展，领路人必须知大势，想大事，谋大局。周广军经常花精力让团队研究国家政策和经济的发展趋势。“调结构、稳增长、促发展”“一带一路”，这些概念被他灵活运用到企业经营战略上。在他看来，在这个快速变革的时代，企业必须跟国家同频，才能有更好的未来。“当国家提出‘一带一路’倡议时，我们早已布局相关的战略，利用品牌优势，成功打入海外市场。国家提出科技创新、消费升级的决策时，我们的研发人员也在此之前就开展了创新工作。食品行业是脆弱的，但我们在消费市场每一步的发展都可谓稳扎稳打，水到渠成。”

稻香村集团董事长周广军说：“任何一位成功的决策者，都不是从捷径上走过来的，用10年，甚至更久去磨炼都是常事。在很长一段时间内，要很专注和用心，才能在别人累的时候获得机会。”

作为企业的领路人，必须努力寻求企业高质量发展的新方法、新路径，着力破解转型发展难题，力促生产经营与社会发展、生态环境相协调，以实际行动肩负起企业发展的时代使命。

面对困难，最好的办法就是面对

20世纪90年代，随着互联网技术在国内各个领域的普及和应用，国内进入了网络社会时期。与此同时，国内也正处于工业化、市场化和城市化的社会结构全面转型期。正是从这一时期开始，我国开启了全面从农业社会向工业社会，同时向网络社会迈进的历程。因此，中国的市场化、工业化、城市化和网络化几乎是同步进行了。

这样的时代大背景给企业的生存带来了巨大的压力，尤其是身处传统行业的企业，社会转型几乎日新月异，企业发展却跟不上时代的脚步。国内焙烤行业是传统行业，在20世纪90年代前国内虽有零散商家经营糕点店铺，但尚未形成行业。为了帮助焙烤行业在新时代更好的发展，1993年12月，中国焙烤食品糖制品工业协会成立，成为行业内唯一的全国性焙烤协会组织。国家民政部和业务主管单位国务院国有资产监督管理委员会对该协会进行业务指导和监督管理，在征得政府同意后，中国焙烤食品糖制品工业协会开展行业统计、发布行业信息等相关情况。

该协会作为行业资源汇聚平台，连接政府、企业和消费者，每年定期举办有影响力的活动，汇集了焙烤行业食品、原料、包装、设备等各种人才资源。彼时，焙烤行业大部分企业都是民营企业，尚未形成规模经营企业，行业集中度低。所以，该协会起到了资源汇聚作用，但蜂窝形态的社会组织结构松散，尚未发挥资源配置的作用。

此时的局面对于焙烤行业的企业而言，虽有政策性扶持，但单体发展还不够强大，整个行业如同当时的中国经济一样，还在摸索发展阶段。

中国加入WTO后，外资焙烤企业进入中国市场，国内也兴起一批焙烤企业，如好利来等。行业整体兴旺了，但竞争也更为激烈了，不能适应这个变化的企业很快被淘汰出局。

随着国家加强交通基础设施和城乡电网建设，社会经济得到进一步发展。由此，食品行业再次迎来了快速起飞的良机，再加上网络时代的到来，稻香村集团紧跟时代实施“互联网+稻香村”战略，又一次踩对了时代节拍。

但是，紧跟时代步伐，并不意味着经营压力会降低，而是因为时代在不断进步，企业经营也要随时调整，经营压力是长存的，经营困难也是长存的。

中国焙烤食品糖制品工业协会成立未能解决行业资源配置的问题，产业互联网平台的建立才真正起到资源配置的作用。产业互联网平台是行业发展到一定阶段，龙头企业利用互联网技术实现资源聚集，降低成本的经济形态。但是，那个时期的焙烤行业仍然没有涌现出真正能够引领行业发展的龙头企业，稻香村集团还在积蓄力量之中。

仍在发力成长阶段的企业，总是看似强大，本质脆弱。周广军来到稻香村集团之后对这一点有了深刻的体会：“因为社会在不断前进，各种传统会被不断颠覆，我们就好像在大海里航行的船，要学会顺势而为，而不是奢望什么岁月静好。”面对随时存在的危机，周广军全不避讳，十分坦然：“面对困难，最好的办法就是面对。”

为了适应市场需求和行业变化，稻香村集团调整组织结构和内部人员分工。向上打破各业务部门界限，注重打通企业内部营销、采购、生产、分销和物流组成的价值链，在企业内部形成了价值链式的蜂窝组织结构，形成了以季节品、休闲品、电商产品为中心的相互协作项目组，在企业内部组建了具有弹性的蜂窝项目组，充分利用各个部门资源。

稻香村集团奉行团队精神，经常以“团结就是力量”为主题进行部门团建。通过互动，员工们能感受到企业传达出来的坚忍不拔的精神，只要有信心、有勇气去应对，就没有解决不了的难题。团队精神的核心是协同合作，创造更大收益。通过成员的协作贡献，得到集体成果，这个集体成果超过成员个人业绩的总和，即集体大于部分之和。

2018年，国家提出“新型基础设施建设”，新基建包括5G基站建设、城际调整铁路和城市轨道交通、人工智能、大数据中心、工业互联网、新能源汽车充电站、特高压七大领域，为电商发展和企业信息化建设提供了“信息高速公路”保障。5G基站建设和移动互联网技术使得移动支付和网络信号能够支持电商运营，公路运输网络和物流基础设施确保了电商实际覆盖范围的延伸和扩展。

食品行业企业的电商板块充分利用国家基础建设之机，更有效地推动消费互联网建设和信息化建设。

已经成为中国糕点行业龙头企业的稻香村集团，在行业聚集发展过程中发挥蜂王的带头作用，为行业搭建产业互联网平台，利用信息技术改造企业业务流程和组织结构，实现企业价值链的信息化管理。

信息化技术手段使得稻香村集团内部价值链式蜂窝结构进一步向外延伸，与上、下游的蜂窝结构相互连接，协同运作，不仅提升了稻香村集团的系统运作能力和综合竞争优势，还突破了行业发展受限的瓶颈。

在采购端，稻香村集团与原料供应基地、馅料厂、印务包装厂之间形成了稳定的供应关系，通过采购平台与企业内部生产系统ERP集成并协同运作，节约了生产和经营成本，保证了企业的高效运作。

在营销端，稻香村集团通过加盟、代理和战略联盟协议，与各分销渠道形成了稳定的分销蜂窝结构，信息化技术的应用使得蜂窝结构内部运营效率更高。此外，稻香村集团与其他企业品牌之间的跨界联名营销策略，组成的临时性蜂窝结构，带来了新的消费群体资源。

创业的过程是辛苦的，守业的过程同样艰辛。周广军与稻香村集团遇到了太多困难和瓶颈，但凭借着“面对困难，最好的办法就是面对”的勇气和魄力，周广军带领稻香村集团步履坚实地度过了一个又一个危机，并在危机中学会成长，逐渐壮大。随着将危机不断踩在脚下，稻香村集团的事业高度越来越高。正如周广军所说：“企业家接受考验是正常的，总一帆风顺是不正常的。”同样，企业接受考验也是正常的，不敢经历考验的企业不是合格的企业，不能战胜困难的企业不是优秀的企业，不能在困难中愈发强大的企业无法成为时代的先锋。而稻香村集团与周广军，从未畏惧过困难！

长风破浪，未来可期

现在很多老字号都热衷于打造爆款，这是一条通往成功的捷径，但同时也是埋下失败隐患的险路。老字号品牌不同于网红品牌，其品牌文化和经济价值是饱经风霜留存下来的，有着其他企业难望其项背的品牌积淀，这样的优势如果仅仅和爆款联系在一起，未免有些暴殄天物了。老字号应该走的是与自身底蕴相符合的路线，即稳定的、可持续振兴的高质量发展之路，老字号既要做可以风靡时代的“国潮”先锋，又要做能经得住市场锤炼的“长红”企业。

“高质量发展”于2017年首次提出，表明中国经济由高速增长阶段转向高质量发展阶段。国家的历次重要会议都有对“高质量发展”的补充、丰富，并据此出台和实施了众多指导方针和措施，使“高质量发展”成为一个覆盖“经济社会发展方方面面的”“必须长期坚持的要求”。

“企业高质量发展”是“高质量发展”的核心内容之一，因此准确理解“企业高质量发展”必须以国家提出的“高质量发展”的基本内涵为指导和前提。

改革开放走过了四十多年，中国经济和中国企业都经历过极大的震荡，也取得了极大的成绩。如今，中国企业在跻身世界一流企业的征程上，正不断向外多维度展现企业治理和改革发展的“中国智慧”和“中国方案”。正因如此，现阶段着力进行高质量发展已经成为老字号在新时代绕不开的必答题，这也与“深化国有企业改革，发展混合所有制经济，培育具有全球竞争力的世界一流企业”的国家级战略部署高度契合。

争创世界一流企业，正当其时！

作为一家拥有两个半世纪历史的中华老字号，稻香村备受鼓舞。近年来稻香村一直在向世界一流企业学习，致力于将“稻香村”这一民族品牌发扬光大，走向世界的舞台，让世界人民品味中国糕点的独特魅力。

建设世界一流企业，正逢其时！

新中国成立以来，特别是改革开放40多年来，我国经济社会发展取得了举世瞩目的成就。当前，我国已成为世界第二大经济体，已经建成全球规模最大、门类最齐全的工业体系，被称为“世界工厂”。

在看到优势的同时，也要看到不足。我们与世界发达国家之间在建设世界一流企业方面仍然存在差距，企业大而不强、核心技术受制于人、叫得响的品牌不多、输出文化软实力的能力欠缺……这些或明或暗的差距都制约着中国企业的高质量发展之路。再加上“老字号”过去的辉煌与美好记忆容易成为未来发展的“历史包袱”，更使传统型企业在高质量发展的过程中步履艰难。但也正因为这些不足，让企业具有了争创和建设成为世界一流企业的动力。

企业发展最大的隐患是自己束缚自己，自己打倒自己。老字号企业要在复杂多变的竞争环境中，深刻理解文化传承与现代企业之间的关系、品牌诉求与市场需求之间的关系，主动适应技术与市场的快速变化，立足自身发展实际，稳扎稳打，持续擦亮老字号的“金字招牌”。

稻香村集团董事长周广军对于带领稻香村实现高质量发展有着清醒而深刻的认知，他认为建设世界一流企业是自身综合实力的象征，涵盖了品牌、质量、创新、责任等多个方面。他同时强调建设世界一流企业必须从四个方面着力：

1. 追求极致的工匠精神

稻香村集团在产品上始终坚持“工匠精神”。稻香村传统手工技艺都是通过“师傅带徒弟”的方式代代相传的，从创建开始就有着清晰的技艺传承谱系，至今已传承六代。为做好传承，稻香村集团在苏州成立了非物质文化遗产传承中心，通过严格的师徒关系，薪火相传，将传统技艺和做人立德的教诲、追求极致的工匠精神言传身教，敬畏品质，敬畏顾客。

2. 科技创新打造核心竞争力

企业发展，无核心则不立。一流企业不见得非要规模多大，大而不强算不得一流，小而美也可以成为一流。核心竞争力可以是品牌、产品、技术，也可以是管理、营销。稻香村集团的核心竞争力在于以消费者为中心的产品和技术创新。近年来，稻香村集团持续加大科技研发投入，在全国设立三个研发中心，并与国家科研机构及大学合作共建研究所，紧跟国际最新食品技术，以中国传统食品工业化加工及关键技术为突破口进行集成创新，开发出品类丰富的产品体系。

3. 坚守诚信经营理念

企业若想基业长青，诚信是必不可缺的品德。稻香村集团始终坚守“厚道做人、地道做事、成人达己、追求卓越”的经营理念。据书籍记载，稻香村在清朝时已经在产品包装上加盖生产日期，诚信经营，童叟无欺。这种做法在现代已经成为通行的规则，而在当时确有先进之处。同时，稻香村集团坚持诚信经营，依法纳税，改进服务，创新产品，与消费者、上下游合作伙伴保持良性互动，获得“食品安全诚信示范单位”等荣誉称号。

4. 奉献社会的责任担当

一流企业家要心系家国民生，具有责任担当和奉献精神，为人们美好生活助力。稻香村从创始至今，不忘初心，心系社会。从援助抗战，到救助关爱困难群体，再到近年来参与老字号振兴计划、参与中国儿童少年基金会主办的春蕾午餐计划、援助抗击新冠肺炎疫情等，始终不遗余力地捐赠善款和物资，勇担时代责任。

回顾两个半世纪的发展，稻香村不仅继承传统技艺，更不断地自我蜕变。如今不确定性成为最大的确定性，唯有坚信和笃定才能在变局之中不断前进，必须勇于舍弃旧的不合时宜，才能保持数百年不坠的品牌价值。

面向未来，在国家保护传承中华优秀传统文化，促进老字号创新发展的方针、政策指导下，随着国家老字号保护传承和创新发展体系及持续健康发展的政策环境更加完善，稻香村要坚持文化价值和经济价值相结合，实现创新发展更具活力、产品服务更趋多元、传承载体更加丰富、文化特色更显浓郁、品牌强度更增价值、市场竞争更有信誉的目标，不断增强人民群众的认同感和满意度，持续完善业界领先的“稻香村标准”，打造“稻香村超级IP”，着力提升总体高质量发展水平。

稻香村人对于未来不仅仅是带着理想的相信，更是因为看见所以坚信。洪流之中坚定信念且能奋勇向前，周广军是驾驶稻香村集团这艘大船穿梭于迷雾中的掌舵手，引领着志同道合的人一起以“稻”亦有道的境界，将美好的品牌记忆转化为企业发展的活力和强大的商业竞争力，为推动中国优秀自主品牌及中式糕点走向全球，自觉肩负起自己的责任和使命！

中华老字号“稻香村”，发起于苏州，崛起于中国，且必将走向世界。它的最终成功，富于历史性的意义。长风破浪，未来可期！

稻香村大事记

1773年（清乾隆三十八年），“稻香村”始创于苏州观前街。

1864年（同治三年），设稻香村茶食糖果号。

1879年8月5日（光绪五年六月十八日），上海《申报》首次刊载稻香村防止伪冒《声明》。

1894年（光绪二十年），上海《点石斋画报》第394号刊图“赛行致病”，文称“凡稻香村售物必印日期于纸裹之上”。

1905年2月27日（光绪三十一年正月二十四日），在清商部注册“稻香村茶食糖果公司”，这是清末全国茶食糖果业与饮食服务业唯一的注册公司。

1920年，稻香村员工107人，职工人数和生产规模创同业历史之最。

1925年9月3日，稻香村获民国农商部颁定第贰类第一百十号商号注册执照，禾字稻图商标。

1926年8月31日，稻香村禾记完成洋式门面翻建工程，如期开业，在《苏州明报》《吴语》《申报》等连续刊出启事，强调“只此一家，并无分出”，“百有余年，驰名环球，特加‘禾’字商标”。

1932年，上海一·二八事变爆发后，稻香村特制松子猪油枣泥大麻饼和听装太湖野鸭、红烧牛肉等慰问十九路军抗日将士。

1937年，抗日战争全面爆发后，稻香村响应商会号召抵制日货，并参与慰问淞沪战士，为抗战捐资捐物。

1950年，稻香村茶食糖果号向苏州市工商局申请，并获准重新登记，位于观前街33号住所新门牌为61号。

1951年，稻香村积极支持抗美援朝运动，开展增产节约运动，捐资慰问中国人民志愿军并救济朝鲜难民，参加捐献飞机大炮运动。

1956年1月17日，稻香村茶食糖果号变更为公私合营企业，经济性质为全民所有制。

1986年，更名为苏州稻香村食品厂，门市部改为苏州稻香村食品商店。

1997年，被国内贸易部评定为中华老字号。2006年，商务部复评被认定为首批“中华老字号”。

1998年7月，苏州稻香村食品厂作为苏州市贸易局试点，由国有企业改制成股份合作制企业，受让无形资产百年老店牌号及产品注册商标。

2006年8月，首个现代化工厂在苏州工业园区落成。中国食品工业协会时任会长王文哲题赠稻香村“糕点泰斗，饼业至尊”。

2007年，收购中国粮油集团旗下江苏张家港市福临门大家庭食品有限公司及其所属60家西饼店。

2009年，稻香村集团成立。同年，“稻香村苏式月饼制作技艺”被列入江苏省非物质文化遗产代表作名录；成立电子商务部门，启动实施“稻香村+互联网”战略。

2010年，菏泽稻香村食品有限公司成立，成为稻香村食品馅料和粽子生产基地。

2012年，北京工厂在通州食品工业园区竣工投产。

2013年，糕点类“稻香村DXC”商标被国家工商总局认定为

“中国驰名商标”。同年，正式成立海外事业部，着力实施“稻香村出海”战略。

2014年11月7日，山东稻香村食品工业有限公司成立。

2016年，稻香村集团与沈阳副食集团成立合资公司沈阳稻香村食品工业有限公司，共同发展东北市场。

2017年，成立非物质文化遗产传承中心。同年，先后成立稻香村食品集团（香河）有限公司、稻香村食品集团（天津）有限公司、稻香村食品集团（金乡）有限公司。

2018年，稻香村集团启动数字化转型。同年，成都稻香村风味食品有限公司成立，全面布局西南市场。

2019年，合资企业稻香五号码头（金乡）食品有限公司成立。

2020年，新冠肺炎疫情暴发，此后三年里，稻香村集团先后向十多个省、市、区以及上百家机构，累计捐赠700多万元物资。

2021年，稻香村苏州观前街店改造升级为国潮体验店。

2022年，稻香村品牌价值突破182亿元，在中华老字号榜单位列前五名。

2023年春节，连续第三年携贺岁视频登陆纽约时代广场巨幕，向全球华人拜年。